Catalina Pons

COMUNICACIÓN
NO VERBAL

editorial **K**airós

© 2015 by Catalina Pons
© de la edición en castellano:
2015 by Editorial Kairós, S. A.
Numancia 117-121, 08029 Barcelona, España
www.editorialkairos.com

Primera edición: Noviembre 2015

Fotógrafo fotos expresiones faciales:
Rodrigo Rama Dellepiane
Actores fotos expresiones faciales:
Ferran Font i Olga Romero

ISBN: 978-84-9988-470-7
Depósito legal: B 23.507-2015

Fotocomposición: Grafime. Mallorca 1. 08014 Barcelona
Tipografía: Times, cuerpo 11, interlineado 12,8

Impresión y encuadernación: Romanyà-Valls. Verdaguer 1. 08786 Capellades

SUMARIO

1. LA CONVERSACIÓN
SILENCIOSA

La primera impresión que nos causa una persona se produce en siete segundos y el 93% de la información que comunicamos depende del lenguaje corporal, no tiene nada que ver con lo que decimos. Entender la comunicación no verbal es una ventaja para cualquier profesional.

Los resultados profesionales dependen en gran medida de cómo te relacionas con los demás, comunicar con claridad y eficacia es una habilidad imprescindible si realmente quieres mejorar tu capacidad de inspirar a otras personas, de compartir tu visión, de ser persuasivo y de comprender mejor a tus interlocutores.

Cada conversación tiene dos partes, la verbal consciente y racional y la no verbal inconsciente y emocional. La verbal, lo que expresamos conscientemente mediante palabras, es la conversación que conocemos y estamos habituados a preparar, estudiar y analizar. Por el contrario, la conversación no verbal se produce a nivel no consciente, de forma simultánea, y en general no sabemos que estamos comunicando con nuestros gestos, con la mirada o la entonación de la voz.

El lenguaje corporal comunica las emociones y se expresa más rápido que la comunicación verbal, los gestos comunican sentimientos, emociones, intenciones unas fracciones de segundo antes de que la persona hable. Este hecho suele asombrar, el lenguaje corporal no solo transmite el 93% de la información, sino que lo expresa antes de que la persona diga lo que sea con palabras. Por tanto, antes de que la persona verbalice su opinión puedes observar las expresiones y gestos que comunican la emoción que realmente siente, y si lo que nos dice el lenguaje corporal coincide con el mensaje verbal, cuando no hay disonancia y las dos conversaciones son congruentes, están alienadas, la persona es creíble, auténtica, honesta. En cambio, si tu lenguaje corporal contradice a tus palabras, no eres creíble. Un gesto, una expresión puede reforzar el mensaje verbal que estás diciendo o destruirlo, literalmente destruirlo. Nuestro cerebro de forma innata e intuitiva confía más en lo que le está diciendo el lenguaje corporal, por eso la comunicación no verbal tiene tanto impacto en la percepción de credibilidad.

Gracias a la neurociencia, en los últimos años hemos avanzado mucho en la comprensión de cómo funciona la comunicación humana y por primera vez estamos entendiendo cómo se produce esta interacción a nivel no consciente entre personas, qué mensajes intercambiamos y el impacto que tiene en las relaciones que construimos con cada persona. Por tanto, conocer que estamos comunicando con nuestro lenguaje corporal es vital para cualquier persona y sobre todo para aquellas cuya profesión depende de la credibilidad, de generar confianza, de la capacidad de conectar con los demás.

Tanto si eres abogado, médico o directivo, además de tener el conocimiento y experiencia necesarios para desarrollar tu trabajo con calidad profesional, es esencial que te asegures de que tu comunicación no verbal corrobora tu conocimiento y experiencia. En el caso de la relación médico-paciente, un estudio sobre denuncias de pacientes demostró que en la mayoría de casos el motivo no era la competencia técnica del médico, sino la forma de relacionarse. Los pacientes habían denunciado al médico porque no se habían sentido atendidos, no habían percibido que el médico se estuviese ocupando de ellos, no les había generado confianza; en definitiva, era un problema de comunicación del médico, no de conocimientos clínicos.

Conocer y utilizar el lenguaje corporal apropiadamente te ayudará a establecer relaciones más positivas con los demás, a reforzar vínculos, a comunicar tus ideas y opiniones de forma persuasiva, a mejorar tu capacidad de transmitir confianza, credibilidad y carisma. Conseguirás mejorar el resultado de tus conversaciones y tu capacidad relacional.

También serás capaz de entender y predecir el comportamiento de las personas, anticipar si el cliente va a comprar, la decisión de un inversor potencial o la motivación real de tu interlocutor; identificarás si has conseguido un verdadero acuerdo o estás ante un posible conflicto, y con la práctica llegarás a reconocer cuándo te mienten, pero sobre todo te sentirás más seguro de tu capacidad para comunicar tus ideas y opiniones, con la eficacia y claridad que solo se consigue cuando se dominan las dos conversaciones, cuando tus palabras y tu cuerpo dicen lo mismo.

El psicólogo Albert Mehrabian[1] en una investigación sobre comunicación de emociones identificó que solo el 7% de toda la información que recibimos nos llega a través de las palabras. El resto es comunicación no verbal, y se divide en un 38% que nos llega por medio de la voz y el 55% que proviene de los mensajes emitidos por las expresiones faciales y por todo el cuerpo a través de los gestos, la postura, el espacio, etc.

En pocas palabras, el cuerpo es un gran «hablador», pero habla un idioma que no conocemos bien y envía mensajes que a menudo malinterpretamos.

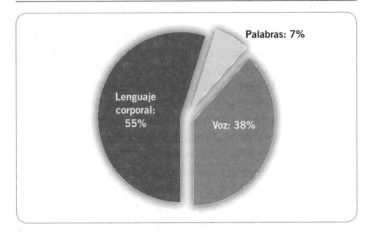

El lenguaje corporal es la herramienta más poderosa a nuestra disposición para establecer relaciones verdaderamente positivas con los demás.

El principal problema al que nos enfrentamos es que no somos plenamente conscientes del enorme impacto que gestos, posturas, expresiones, miradas y otras señales no verbales tienen en la creación de «puentes» hacia los otros.

Todos los seres humanos lo practicamos, pero con diferentes niveles de consciencia. Hay personas con mucha intuición en este ámbito, que prácticamente sin conocimientos teóricos ni entrenamiento especial tienen la habilidad de interpretar y leer correctamente el lenguaje corporal de otras personas. En general, lo utilizamos de una forma inconsciente e intuitiva, sin embargo, para mejorar nuestra capacidad de comunicación nos hace falta estudiarlo y practicarlo. Es como aprender un idioma, hay que conocer unas reglas gramaticales, de sintaxis, un vocabulario y practicar, sobre todo, practicar mucho.

Las personas consideradas como «buenas comunicadoras» son excelentes en la escucha activa, son grandes observadoras y han descubierto los secretos de la comunicación no verbal; son capaces de interpretar los gestos, las expresiones y de entender qué está sintiendo su interlocutor. Han incrementado su capacidad de comprensión sobre qué está pasando en cada conversación, y además son conscientes de los mensajes que comunican con su lenguaje corporal y lo tienen en cuenta para mantener conversaciones eficaces.

CÓMO PROCESA EL CEREBRO HUMANO
LA COMUNICACIÓN VERBAL Y LA NO VERBAL

Todos somos expertos «inconscientes» en lenguaje corporal, es innato, los seres humanos estamos preparados genéticamente para observar las señales del lenguaje corporal y entender su significado.

El funcionamiento del cerebro humano es muy complejo. La neurociencia en los últimos años ha avanzado mucho en su comprensión y en la actualidad conocemos mucho mejor cómo el cerebro procesa la comunicación verbal y la no verbal. Han sido los recientes avances de la neurociencia los que nos han permitido entender la importancia del lenguaje corporal en la comunicación humana.

De forma muy esquemática y simplificada, describimos el funcionamiento del cerebro y su forma de procesar la comunicación verbal y la no verbal.

El cerebro consta de tres partes: el cerebro reptiliano, el límbico y el neocórtex. El cerebro reptiliano, el más antiguo, controla las funciones vitales del cuerpo humano: respiración, ritmo cardiaco, temperatura corporal, sensación de hambre y sed, entre otras cosas, en definitiva se encarga de la supervivencia, tiene un comportamiento instintivo, automático y no consciente. El cerebro límbico gestiona las emociones, recibe la información de los sentidos y reacciona de forma inmediata, ante cualquier estimulo decide si es positivo o negativo y responde en consecuencia, su respuesta es inmediata, muy rápida y es el desencadenante de la toma de decisiones, el 90% de las decisiones se originan en el límbico.[2] Trabaja a nivel no consciente, actúa como el sistema de alarma del cerebro decide si existe algún peligro o no y toma las decisiones básicas de «huir o luchar», «confiar o desconfiar», «me gusta o no me gusta».

El neocórtex, la parte del cerebro más reciente, es el responsable del pensamiento consciente, se encarga del lenguaje, de la lógica, del análisis, etc. Su funcionamiento es más lento, el neocórtex racionaliza las emociones, pero lo hace nanosegundos después de las reacciones no conscientes y se expresa mediante la palabra. Emoción y razón no siempre están de acuerdo. Por ejemplo, en una compra por impulso, un estímulo sensorial hace que el límbico decida poner en el carro de la compra un perfume caro, una fracción de segundo más tarde la información llega al neocórtex, donde el impulso se adapta al contexto, valora si el precio es adecuado o no, si el perfume es necesario y toma la decisión final de compra.

El cerebro límbico es clave en la comunicación no verbal, tanto en la generación de sus formas de expresión como en la capacidad innata de interpretar su significado, este hecho explica por qué una gran parte del lenguaje corporal es universal.

Los seres humanos estamos genéticamente dotados para observar y comprender las señales del lenguaje corporal. Fue nuestra primera forma de comunicación y fue fundamental para sobrevivir. El límbico es el responsable de la valoración inmediata que hacemos cuando conocemos a una persona; en siete segundos juzga si puede confiar y si la persona es competente. Esta primera impresión que nos causa alguien se basa en su comunicación no verbal y su raíz es la necesidad ancestral de identificar el peligro. Por supuesto es una valoración no consciente, es instintiva; el límbico no nos pide permiso para llevarla a cabo.

En definitiva, la comunicación entre humanos se produce mayormente a nivel no consciente, el neocórtex puede procesar el equivalente a cuarenta bits de información por segundo, pero nuestro cerebro no consciente es capaz de gestionar once millones de bits por segundo. El límbico expresa las emociones a través del lenguaje corporal antes de que el córtex hable, es más rápido.[3]

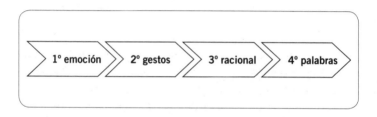

1º emoción   2º gestos   3º racional   4º palabras

En mi trabajo entrenando directivos, abogados o médicos, muchos clientes se rebelan ante este hecho: ¿para qué he dedicado tanto tiempo a preparar la presentación si mis interlocutores me juzgarán antes de que empiece a hablar? Es cierto, pero si inviertes en desarrollar tus habilidades de comunicación no verbal, tendrás las claves para mejorar tu capacidad de proyectar lo que realmente quieres comunicar en cada momento.

Por último, en esta breve descripción de cómo el cerebro humano procesa la comunicación verbal y la no verbal, vamos a hablar de los fundamentos neurocientíficos de la empatía.

Empatía es la capacidad de ponerse en la situación del otro y percibir lo que siente. Esta habilidad instintiva e inme-

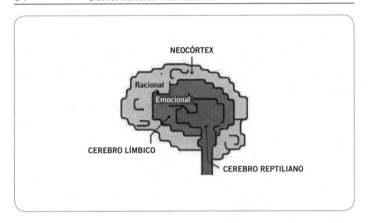

El neocórtex procesa el equivalente a 40 bits por segundo.
El cerebro límbico procesa el equivalente a 11 millones de bits por segundo.

diata de sentir lo que otra persona está sintiendo ha sido ampliamente investigada, y desde la década de los 1990 se atribuye a las neuronas en espejo.[4] Cuando observas a alguien, tu cerebro imita las emociones de la otra persona, aunque no te muevas y no hagas los mismos gestos, mentalmente tus neuronas en espejo lo están haciendo. Si, por ejemplo, tu interlocutor sonríe, aunque tú no sonrías, tus neuronas en espejo provocan la activación de tus áreas cerebrales de la alegría y te hacen sentir la emoción positiva. Las neuronas en espejo nos permiten sentir y comprender las emociones de los demás. Antes del descubrimiento de las neuronas en espejo se creía que nuestro cerebro analizaba de forma racional y lógica las intenciones y emociones de los demás, pero resulta que no es un proceso intelectual, sino que realmente sentimos la emoción y es la raíz de la comunicación interpersonal, de las relaciones interpersonales, de la empatía. Sin esta capacidad, sin empatía, la comunicación interpersonal es prácticamente imposible o muy difícil.

El síntoma más claro de que dos personas se encuentran cómodas hablando es el momento en que su lenguaje corporal se sincroniza, adoptan la misma postura corporal, hacen los mismos gestos, sus caras expresan lo mismo, están en sintonía, están de acuerdo, es la máxima expresión de agrado e interés. El fenómeno se denomina *mirroring*. Lo podemos observar en todo tipo de situaciones, desde una conversación informal entre amigos hasta en una negociación complicada. Se produce de forma espontánea y no consciente; diferentes estudios han demostrado que en esos momentos incluso las ondas cerebrales de las dos personas están sincronizadas. Una forma de aprender a comprender mejor a los demás es duplicar su lenguaje corporal, imitarlo de forma sutil, ello no solo incrementa la capacidad de establecer una buena relación, sino que te ayuda a «sentir» su estado de ánimo.

Obama y Camerón conversando en armonía

Las emociones se contagian, el sistema límbico es un sistema abierto y los seres humanos interactuamos a este nivel, somos capaces de sentir las emociones ajenas y su impacto puede llegar a cambiar nuestro estado de ánimo. Cuando en un grupo un miembro del equipo está en contra de lo que se está debatiendo o está enfadado, aunque no lo diga verbalmente, su lenguaje corporal estará enviando mensajes negativos al resto del equipo, y el impacto de estos mensajes puede afectar el estado de ánimo de todo el grupo, generar conflicto y empeorar el rendimiento de todos. En el capítulo dedicado al liderazgo profundizaremos en los efectos positivos y negativos que pueden provocar las emociones del líder en todo el equipo.

A continuación te propongo ver un vídeo de cuatro minutos en el que se presenta de forma muy clara y amena el funcionamiento de las neuronas en espejo.

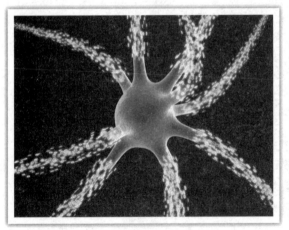

http://www.youtube.com/watch?v=Sv1qUj3MuEc

Otra gran aportación reciente de la neurociencia ha sido la constatación de que el lenguaje corporal, ya sean gestos, posturas o expresiones faciales, condiciona nuestra estado de ánimo. Numerosos estudios han demostrado que sonreír de forma forzada y artificial durante dos minutos provoca la activación de las áreas cerebrales de la alegría; cuando los músculos de la sonrisa se activan, el cerebro interpreta que estás contento. Sucede lo mismo con las expresiones de emociones negativas y con determinados gestos y posturas. Un estudio de la psicóloga social Amy Cuddy sobre las posiciones de poder, posiciones corporales abiertas y expansivas, demuestra que, si son mantenidas durante dos minutos, provocan cambios hormonales que alteran el estado de ánimo de la persona, la cual se siente más poderosa. En el capítulo de liderazgo lo comentaremos en profundidad, el impacto es tan potente que es una de las técnicas más utilizadas en los entrenamientos para la preparación antes de una presentación en público, una negociación importante o una reunión clave.

Siete segundos para causar una buena impresión

La primera impresión es la que cuenta. La evaluación de las personas que tenemos en frente se realiza dentro de los primeros siete segundos, lo hacemos de forma intuitiva, inconsciente, pero esa primera impresión que nos causa la persona, basada exclusivamente en su lenguaje corporal y apariencia, tiene mucha influencia en la opinión que nos conformamos sobre ella. Además, las primeras impresiones son duraderas, nos siguen influyendo aun cuando vamos conociendo a la persona y teniendo más información sobre ella. Esa primera impresión intuitiva continúa impregnando nuestra percepción sobre lo que opinamos de ella, *first impresions are long lasting*. Antes de empezar a hablar, ya estás enviando cientos de señales sobre tus sentimientos y también acerca de las emociones que te está generando el encuentro con esa persona. La conversación emocional ya ha empezado, las dos personas están interactuando, «hablando» a través de su lenguaje corporal. Tanto si eres consciente como si no de este hecho, sucede en cada interacción, tu cerebro límbico mantiene conversaciones con los cerebros que lo rodean sin pedirte permiso.

Son muchos los estudios sobre nuestra capacidad de juicio intuitivo o *thin-slicing*: en un periodo muy corto de tiempo (que algunos análisis reducen a dos segundos) desestructuramos y encontramos patrones y modelos de situaciones y personas, para formarnos una idea sobre ellos y tomar nuestras decisiones.

Esa capacidad de juicio inconsciente e intuitiva a menudo nos ayuda a tomar decisiones espontáneas, que incluso pueden llegar a salvarnos la vida. Sin embargo, y dado que se trata de una operación inconsciente, el *thin-slicing* puede también estar influenciado por nuestros prejuicios y, por lo tanto, llevarnos a tomar malas decisiones. Se trata de un aspecto a tener en cuenta, sobre todo cuando queremos ofrecer una buena impresión de nosotros.

¿En qué criterios se basa nuestra opinión? Un estudio realizado por la psicóloga social Amy Cuddy[5] ha demostrado que nuestra evaluación inicial sobre las personas se basa en un 80% en dos parámetros básicos: el calor (es decir, la fiabilidad que se transmite) y la competencia. De los dos, el primer parámetro que entra en acción es la fiabilidad, estrechamente relacionado con nuestro instinto atávico por la supervivencia: cuando encontramos a un desconocido, lo primero que nos preguntamos es: «¿Qué intenciones tendrá? ¿Será amigo o enemigo?».

La evaluación de la competencia se activa inmediatamente después, ya que, una vez establecidas las intenciones del otro, debemos entender en qué medida será capaz de llevarlas a cabo (especialmente, si se trata de malas intenciones...).

Amy Cuddy, de la que ya hemos hablado en relación con su estudio sobre las posturas de poder en relación con nuestro sistema neuroendocrino, llevó a cabo una investigación transcultural sobre diferentes tipologías sociales, para entender cómo clasificamos a las personas, con el objetivo de prevenir eventuales formas de discriminación.

El estudio muestra que las personas generalmente dividen los grupos sociales en cuatro tipos ideales, que se encuentran dentro de una matriz 2 x 2, basada en los rasgos fundamentales de fiabilidad y competencia.

La mayoría de los grupos sociales se coloca en los cuadrantes de *calor/incompetencia* y *frío/competencia*, lo que demuestra que, en la mente de las personas, fiabilidad y capacidad son inversamente proporcionales.

A cada tipo ideal corresponde una emoción despertada y una conducta consecuente: los *cálidos/competentes* suscitan admiración y un comportamiento facilitador (ayuda o cooperación). Al revés, los *fríos/incompetentes* despiertan desprecio y, por lo tanto, una actitud negativa pasiva (rechazo) o activa (violencia).

Son más ambiguas las emociones despertadas por los restantes tipos ideales, que, por lo tanto, dan lugar a comportamientos ambivalentes: los *cálidos/incompetentes* despiertan compasión, que puede llevar a la ayuda o al rechazo. Los *fríos/competentes* despiertan envidia, que incluye tanto el respeto como el resentimiento, con los comportamientos resultantes.

Un primer análisis cualitativo de los resultados parece indicar que los grupos sociales que han representado el blanco de las manifestaciones de discriminación más violentas (hasta el genocidio) son aquellos evaluados con un alto nivel de competencia, pero un bajo nivel de calor y, por lo tanto, de aprecio.

La investigación ofrece también resultados interesantes cuando se aplica a los individuos: mostrarnos competentes pero fríos puede ser percibido como «brillante pero cruel»,[6] una impresión que en general no interesa proyectar.

Sin embargo, cuando nos evaluamos a nosotros mismos, solemos aplicar el proceso inverso, considerando la competencia como más importante que el calor. De hecho, cuando damos la mano a alguien para presentarnos, queremos proyectar competencia, pero buscamos el calor del otro.

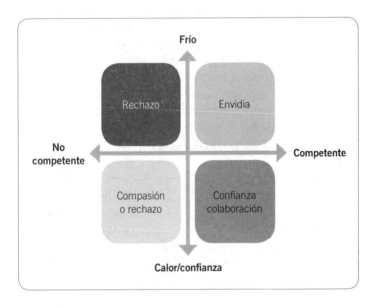

Una primera impresión eficaz

¿Cómo utilizar estos nuevos conocimientos para causar una buena primera impresión?

En primer lugar, debemos tener en cuenta el efecto del juicio intuitivo: tenemos el tiempo de un parpadeo para impresionar positivamente a alguien.

Si adoptamos una postura demasiado dominante, es probable que nuestro interlocutor se encierre en una actitud defensiva, con el doble resultado negativo de no conseguir ni su confianza, ni la oportunidad de conocer la verdadera naturaleza de la persona que tenemos en frente.

Cuando nos presentamos a alguien, debemos inmediatamente crear una conexión empática, proporcionando al otro el calor que nosotros mismos también buscamos. Existen varias prácticas que podemos adoptar para lograr este resultado y que iremos desarrollando a lo largo de los siguientes capítulos, veremos cómo la comunicación no verbal puede proyectar confianza y calor o competencia.

ANÁLISIS EN VÍDEO DEL LENGUAJE CORPORAL DE OBAMA

Obama es considerado un gran comunicador, conecta con el público, su lenguaje corporal es abierto, receptivo, muy expresivo. Domina la comunicación no verbal. Proyecta carisma de líder, genera confianza y credibilidad.

Presentamos el análisis de dos discursos públicos muy diferentes, con el objetivo de mostrar el impacto del lenguaje corporal en la capacidad de conectar con la audiencia, de ser creíble y de persuadir.

El primero corresponde a la Convención del Partido Demócrata en Boston en el año 2004. Obama senador de Illinois aún no era conocido, y muchos analistas consideran que este discurso fue el que impulsó su carrera política. Obama tiene un día brillante, entra con energía, camina seguro y erguido, mira al público sonriendo, causa una primera impresión muy positiva. Utiliza historias personales para presentar los grandes temas y sintonizar con la audiencia. La expresión facial es positiva, abierta, receptiva, sonríe, mira al público todo el tiempo, reparte la mirada entre todos, asiente con la cabeza, gesticula con las manos de forma natural y rica, utiliza la voz con maestría, crea momentos de clímax, transmite entusiasmo y pasión, consigue ser creíble.

En cambio, en el segundo discurso, el primer debate en las elecciones de 2012, Romney, en opinión de los analistas, ganó el debate. El lenguaje corporal de Obama es totalmente diferente al que hemos visto, es la misma

persona, con más años de experiencia en discurso público, pero tiene un mal día, no utiliza su lenguaje corporal
habitual, sino todo lo contrario: está rígido, no mira a la
audiencia, no sonríe, la expresión facial es seria, apenas
gesticula, la argumentación es pobre, el lenguaje poco
fluido, en el momento final incluso se observa una expresión de tristeza como cierre del debate. Es todo lo contrario al primer discurso y es un buen ejemplo del impacto de
la comunicación no verbal en la capacidad de persuasión.

Para ver el vídeo, escanea el código QR, o bien ve a
esta dirección: www.catalinapons.com

Aprender comunicación no verbal

El objetivo de este libro es ayudarte a conocer los secretos de la comunicación no verbal para que seas consciente de qué estás comunicando con tu lenguaje corporal y aprendas a identificar de forma consciente los mensajes no verbales de las personas que te rodean. Ya sabemos que todos los seres humanos somos «expertos inconscientes» en lenguaje corporal, lo interpretamos de forma innata, pero el proceso que desarrollaremos a lo largo del libro te permitirá ser consciente de lo que hasta ahora han sido intuiciones más o menos acertadas.

El aprendizaje se realiza en dos sentidos:

- Conocer y controlar tu lenguaje corporal, ser consciente de qué comunicas.
- Interpretar y leer correctamente el lenguaje corporal de tus interlocutores.

A continuación presentamos brevemente el proceso que seguiremos a lo largo del libro.

Autoconocimiento: ¿qué proyecta tu lenguaje corporal?

Lo primero es conocer tu propio lenguaje corporal, empezar a ser consciente de cómo habla tu cuerpo, qué mensajes envía, cuáles son tus expresiones y gestos más característicos. Se trata de hacer un inventario de tu comunicación no verbal para identificar qué tipo de persona estás proyectando, qué están entendiendo tus interlocutores y cómo reaccionan; en definitiva, ser consciente del impacto de tu lenguaje corporal en todo lo que transmites.

Este proceso de autoconocimiento te permitirá responder preguntas como las siguientes: ¿qué comunicas cuando llegas a una reunión? ¿Eres carismático, te escuchan cuando hablas? ¿Qué transmites, calidez o frialdad? ¿Dónde te sientas?, ¿eliges una posición visible o te escondes? ¿Eres creíble, inspiras confianza? ¿La gente quiere estar contigo o se aleja de ti?

Para diagnosticar cómo es tu lenguaje corporal habitual y simplificar el proceso de autoconocimiento, trabajamos con grupos de gestos agrupados en tres grandes ámbitos:

1. ¿Receptivo o defensivo?
2. ¿Es poderoso?
3. ¿Es honesto?

En el capítulo 3, dedicado a los gestos corporales, encontrarás la descripción de cada uno, para que puedas llevar acabo tu autodiagnóstico con facilidad. Antes de empezar el inventario es recomendable hacer el test que tienes al final de este capítulo; solo te llevará un minuto y te ayudará a situarte en tu punto de partida.

El método más eficaz es grabarte en vídeo en diferentes situaciones: presentaciones, reuniones en grupo, entrevistas, para poder verte en una situación habitual de trabajo y empezar a ser consciente de cómo habla tu cuerpo. Grábate en una presentación en grupo con tu equipo, en una reunión interna, o en cualquier otra situación donde puedas hacerlo y donde todo el mundo se olvide de la cámara. El objetivo es que después puedas verte. No obstante, has de saber que, si nunca lo has hecho, verte es duro. En general, no te gustas, es muy probable que no reconozcas tu voz y es incómodo, pero resulta muy útil, puedo asegurártelo por experiencia. Verte en vídeo acelera enormemente el aprendizaje.

Interpretar el lenguaje corporal de tu interlocutor

Como cualquier otro lenguaje, también el del cuerpo tiene sus propias reglas y es importante entender, antes de interpretar un significado, que los gestos corporales siempre deben ser leídos en conjunto y en su contexto, evitando la interpretación forzosa de situaciones. El problema es que, en general, se consideran estos signos de forma aislada, por lo que, básicamente, es como si, al escuchar unas palabras, les diéramos un sentido sin tener en cuenta la frase en la que aparecen, la persona que las pronuncia y el contexto de la conversación. Esta confusión se ha producido, en gran parte, antes de conocer cómo el cerebro procesa la comunicación verbal y la no verbal, que antiguamente no se conocía y el lenguaje corporal se trabajaba de forma muy superficial y equivocada. Se banalizó y se adjudicaron significados estereotipados a cada gesto, con interpretaciones absurdas como «si se rasca la nariz significa que miente»… No es así, es más complejo y enriquecedor.

Trabajaremos la identificación del lenguaje corporal basal de tu interlocutor, con el objetivo de poder detectar cambios significativos que tendrán un significado u otro en función del contexto en el que se produzcan. Además, aprenderemos a observar grupos de gestos con significados comunes. Lo que se expresa de manera no verbal, de hecho, se parece más a un concierto que a un solo. Esto significa, en primer lugar, que un mensaje se reverbera en distintas partes del cuerpo (por ejemplo, la ansiedad se puede reflejar en un puño cerrado, en una alteración de la respiración y en la reducción del tono de la voz). Por otra parte, las señales del cuerpo pueden actuar de acuerdo (como en el caso descrito de la ansiedad), en desacuerdo, o contribuir como un «coro» al mensaje global.

La falta de armonía se observa cuando algunas partes del cuerpo contradicen el sentido transmitido por otra parte del cuerpo. Esto es debido a que algunas partes del cuerpo están bajo nuestro control más que otras que, en cambio, se nos escapan.

Así que, por ejemplo, controlamos una gran parte de las expresiones faciales y de los gestos del tronco y de las manos, en cambio, por lo general, no sabemos lo que están haciendo nuestros pies. Grosso modo, tenemos cierta conciencia de nuestro cuerpo hasta la pelvis, mientras que ignoramos lo que pasa por debajo de la cintura.

Controlar tu lenguaje corporal

Llegados a este punto, ¿qué podemos hacer si descubrimos que nuestro lenguaje corporal no comunica lo que queremos transmitir? Ya hemos visto que la comunicación no verbal comunica emociones que no son conscientes, así que ¿podemos cambiar las emociones inconscientes? La respuesta es no, intentar suprimir emociones supondría un gran esfuerzo con resultados pobres. Pero esto no significa que no podamos hacer nada para mejorar lo que comunica nuestro lenguaje corporal en momentos especialmente significativos, como puede ser una negociación o una presentación en público. Con entrenamiento aprendemos a concentrarnos en la emoción que queremos transmitir antes de la presentación o de la negociación. Cuando consigues estar realmente concentrado en la emoción que quieres comunicar en cada situación, tu lenguaje corporal lo transmite. Es parecido al método Stanislavski[7] que utilizan los actores para, por ejemplo, representar una secuencia de tristeza: recuerdan una vivencia real triste y las emociones asociadas al recuerdo hacen que el actor exprese la emoción a través de su lenguaje corporal.

Es muy diferente imitar una cara triste que sentir la emoción de tristeza.

Por ejemplo, en una negociación con tus jefes para conseguir un incremento de presupuesto, además de preparar el contenido, la argumentación o los datos, dedicas unos minutos justo antes de empezar a trabajar tu actitud, las emociones que quieres transmitir para que tus jefes crean en tu propuesta y confíen en tu capacidad para llevarla a cabo con éxito. El ejercicio consiste en recordar alguna situación en la que te sentiste «ganador», recordarla con el máximo de detalles posible: cómo eran el espacio, la luz, los colores, las personas, hasta conseguir sentir la emoción de ganar, y el resto surgirá de forma natural, tu lenguaje corporal expresará la emoción de un ganador, te mostrarás seguro con un lenguaje corporal abierto, poderoso, honesto, pero no estarás pensando en qué gesto voy a hacer o cómo me muevo, los gestos corresponderán a la emoción que estás sintiendo.

Otra forma de entrenamiento es practicando los gestos que corresponden a la emoción que queremos comunicar de forma que sintamos la emoción. Son caminos complementarios: podemos ir de la emoción a su expresión y de la expresión a sentir la emoción.

Es casi imposible estar constantemente pendiente de toda tu comunicación no verbal, controlando cómo te mueves, qué postura tienes, cómo gesticulan tus manos al mismo tiempo que estás hablando y observando a tus interlocutores; supondría un gran esfuerzo cognitivo y no es el objetivo.

Un momento clave en el estudio de la comunicación no verbal

El momento histórico en que el estudio del lenguaje corporal se disparó fue a partir del famoso debate presidencial entre

El célebre debate televisivo entre John F. Kennedy y Richard Nixon.
Kennedy, con su habilidad natural para hablar en público,
logró ganar las elecciones, marcando el pasaje de la edad
de la radio a la de la televisión.
https://www.youtube.com/watch?v=bRjUTEMRuOg

Nixon y Kennedy en 1960, el primer debate televisado de la historia. Aproximadamente un 50% de los americanos lo vieron en televisión y el otro 50% lo escuchó en la radio.

Kennedy estaba físicamente espléndido, bronceado, pelo bien cortado, traje perfecto, se dejó maquillar (eran los principios de la televisión los políticos aún no estaban habituados maquillarse, no conocían los efectos de la iluminación televisiva), tenía una apariencia magnífica. En cambio, Nixon estaba convaleciente de una intervención de rodilla, aún tomaba medicación, había perdido peso y la camisa y el traje le iban grandes, además no quiso que lo maquillasen. La iluminación del plató de televisión producía mucho calor y Nixon empezó a sudar, parecía nervioso, se agarraba al atril con fuerza, no estaba erguido, mostraba una postura y una expresión facial tensa. Kennedy tenía mucha mejor presencia una expresión facial positiva, sonrisa amplia, postura erguida, gesticulaba con naturalidad.

El resultado fue sorprendente para todos los analistas. La gente que vio el debate en televisión consideró a Kennedy como ganador; por el contrario, para las personas que lo siguieron por radio, el vencedor era Nixon. Este hecho fue el detonante del inicio de la investigación del impacto del lenguaje corporal en la comunicación: ¿por qué era tan diferente la percepción? Los candidatos habían dicho las mismas palabras, pero para los telespectadores el resultado era muy diferente.

RECORDAR

- Todos somos expertos «inconscientes» en lenguaje corporal.

- El lenguaje corporal se expresa más rápido que la comunicación verbal, los gestos comunican la intención unos segundos antes de que el córtex hable.

- El lenguaje corporal expresa las emociones, sentimientos de sorpresa, enfado, acuerdo, desacuerdo, etc. En ocasiones de forma muy sutil, pero reconocibles.

- Mejorar la «inteligencia no verbal» permite acceder a un nivel de influencia superior.

- El lenguaje corporal tiene un gran impacto en la percepción de credibilidad y en el hecho de ser considerado por los demás como un líder.

- Cuando observas a alguien, tu cerebro imita a la otra persona. Aunque no te muevas y no hagas los mismos gestos, mentalmente tus neuronas en espejo lo están haciendo.

- Las neuronas en espejo no solo imitan movimientos, sino también las intenciones y las emociones.

- Todos los cerebros sanos tienen esta capacidad, pero hay personas con mayor facilidad para empatizar.

- El lenguaje corporal tiene sus propias reglas. Los gestos corporales siempre deben ser leídos en conjunto y en su contexto, evitando la interpretación forzosa de situaciones.

- Un liderazgo eficaz depende en gran manera de la capacidad de comunicación interpersonal, la habilidad de conectar con los demás, transmitir una visión clara y articulada, inspirar la confianza y credibilidad necesarias para motivar y guiar al equipo en su actuación.

TEST DE COMUNICACIÓN NO VERBAL

Responda a cada pregunta, con sinceridad, si considera que la afirmación es «verdadera» (1 punto) o «falsa» (0 puntos) en referencia a su comunicación no verbal.

1. Soy consciente de cómo estoy sentado durante una negociación.
2. En las reuniones con mi jefe sé cuándo decide terminar antes de que me lo diga.
3. Cuando entrevisto a alguien, observo su lenguaje corporal con la misma atención que presto a lo que me está diciendo.
4. Soy consciente de lo que hago con mis manos en una conversación conflictiva.
5. Reconozco cuándo una persona actúa de farol.
6. Identifico si me están mintiendo.
7. Cuando estoy negociando, presto más atención al lenguaje corporal de la parte contraria que a las contraofertas que verbaliza.
8. Intuyo cuándo mis compañeros de equipo están descontentos antes de que lo expresen.
9. Normalmente consigo lo que quiero en las reuniones de equipo.
10. Cuando hablo, no tengo ningún problema en conseguir que los demás me escuchen.
11. A menudo sé lo que la gente va a decir antes de que lo diga.
12. Mi voz es clara y potente, es fácil de escuchar, incluso en una sala con 50 personas.

13. Tengo mucha intuición, soy capaz de interpretar a los demás sin darme cuenta.

14. Cuando inicio una reunión, no tengo ningún problema en detectar el estado de ánimo de las personas.

15. Me resulta fácil sintonizar con personas que acabo de conocer.

Suma los puntos obtenidos. Resultado:

1-5: te conviene incrementar la comprensión del lenguaje corporal.

6-10: tienes un nivel medio de comprensión del lenguaje corporal.

11-15: tienes un nivel superior a la media de comprensión del lenguaje corporal.

2. EMOCIONES
Y EXPRESIONES FACIALES

En el rostro podemos ver cómo se expresan las emociones que está sintiendo la persona con la que estamos hablando.

Todos tenemos la habilidad de leer las expresiones faciales, aunque es un talento innato que la mayoría de personas no han desarrollado. En este capítulo tienes la oportunidad de conocer y aprender a reconocer cómo se expresan las seis emociones básicas universales; son iguales en todo el mundo, en cualquier cultura. Ser capaz de verlas e interpretarlas correctamente es una gran ventaja para mejorar los resultados de tus conversaciones, pues serás consciente de lo que significa la expresión de la cara que estás mirando.

Las emociones básicas son seis: alegría, tristeza, miedo, sorpresa, ira y asco. Cada emoción tiene una expresión en la cara diferente y reconocible, es la única parte del lenguaje corporal que nos indica específicamente qué emoción está sintiendo la otra persona. Puedes ver la emoción que siente unos segundos antes de que la propia persona sea consciente de qué emoción está viviendo, ya sabemos que el cerebro límbico se expresa más rápido que el neocórtex.

El triángulo ojos-nariz-boca concentra la mayor parte de la capacidad de comunicación no verbal. Ahí se enfoca casi el 90% del tiempo la mirada de nuestro interlocutor.

EMOCIONES BÁSICAS Y EXPRESIONES FACIALES

Estudios realizados con personas procedentes de diferentes culturas, edades, géneros y razas han demostrado que las expresiones faciales de las emociones básicas –alegría, triste-

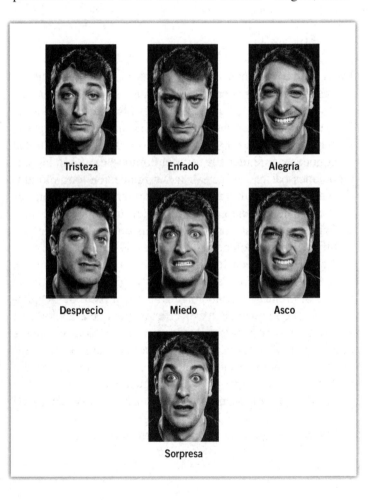

za, miedo, sorpresa, ira y asco– son de raíz biológica y, por lo tanto, universales. Los gestos corporales, en cambio, pueden variar según la cultura y otros factores externos como el género y la edad.

Paul Ekman,[1] psicólogo pionero en el estudio de las emociones y sus relaciones con la expresión facial, definió las características de la expresión facial de cada emoción y demostró que en cualquier parte del planeta los humanos expresamos de la misma forma las emociones básicas, lo que implica que también las identificamos e interpretamos de la misma forma.

La *alegría* se acompaña con una sonrisa auténtica, que se caracteriza por la activación involuntaria de dos grupos musculares. Se verifica una elevación en ambas comisuras de la boca, en forma simétrica, las mejillas suben. Los ojos también «sonríen», marcando arrugas en las comisuras laterales (patas de gallo). La participación de los músculos orbitales de los ojos es lo que diferencia una sonrisa auténtica, expresión real de alegría, de una sonrisa falsa, en la que los ojos no ríen.

Alegría

En la *tristeza* las comisuras de la boca van hacia abajo y las cejas ligeramente hacia arriba, pero solo en sus límites interiores. La frente se arruga.

Tristeza

En el *miedo* nuestros ojos se preparan para identificar cualquier clase de amenaza. Proviene del estado de alerta, por eso ambos ojos se abren mucho para ver mejor, las cejas están hacia arriba. Los labios, como en la ira, dibujan una línea horizontal, pero en esta emoción la boca está ligeramente abierta.

Miedo

La *sorpresa*: el levantar las cejas nos ofrece un mayor alcance visual y permite que llegue más luz a la retina. Las expresiones de sorpresa y de miedo se confunden fácilmente, ya que en ambas levantamos las cejas, pero las razones son muy diferentes. Cuando sentimos miedo, nos ponemos en estado de alerta ante una posible amenaza, mientras que cuando experimentamos sorpresa nos preparamos para recibir información inesperada. Se puede decir que ambas son emociones de alerta, pero en sus expresiones correspondientes el miedo muestra una clara tensión en la boca, mientras que en la sorpresa abrimos la boca y la mandíbula cae. La sorpresa auténtica es rápida, un segundo o menos.

Sorpresa

La *ira*: la tensión se concentra en las cejas, que se acercan y bajan simétricamente, la mirada es intensa, los párpados se entrecierran. También se puede apreciar la tensión en los labios, la presión de uno sobre el otro dibuja una línea horizontal recta en la boca.

Ira

Los sentimientos que generan la expresión de *asco* están relacionados con la repugnancia. Esta expresión es similar a la que hacemos cuando algo huele mal: nariz arrugada, cejas hacia abajo, ojos casi cerrados, labios hacia arriba, dejando ver los dientes; es como un gruñido. La repugnancia es muy cercana al odio.

Asco

Paul Ekman identificó la existencia de una séptima emoción, que no es el reflejo de una verdadera emoción y que aparece en un solo lado de la cara —a diferencia de todas las demás es asimétrica—. Se trata del *desprecio* y tiene que ver con la represión de las emociones, con la arrogancia o el sentimiento de superioridad moral (depende del contexto). La expresión de desprecio muestra un extremo del labio, apretado y hacia arriba, se eleva en un lado de la cara.

Desprecio

El desprecio tiene que ver con la represión de las
emociones, con la arrogancia o el sentimiento de
superioridad moral

Las emociones básicas también se traducen en microexpresiones y son realizadas con movimientos muy rápidos, de menos de una vigésima parte de segundo. Cuando duran más tiempo, se deben considerar como emociones actuadas.

Las microexpresiones en general no son fáciles de identificar, son muy rápidas y se producen en el marco de un conjunto de movimientos de la cara. Se requiere entrenamiento para interpretarlas correctamente y en muchas ocasiones son imperceptibles en directo, exigen la utilización de vídeo y de *soft-*

ware específico para detectarlas. Pero es importante tener en cuenta que la retina las capta y el cerebro límbico de forma no consciente las identifica y las interpreta. No es fácil ser consciente de lo que has visto y de por qué has sentido el impacto de la emoción percibida. Quizás no sabes por qué, no eres consciente de haber visto la microexpresión, pero la emoción la has sentido. El contagio de las emociones es un fenómeno humano y nadie es inmune. Del mismo modo tus emociones y su correspondiente expresión facial contagian a los demás. En el capítulo 7 de comunicación *cara a cara* trataremos en profundidad el impacto que tienen tus expresiones faciales en tus interlocutores y cómo incrementar tu autoconocimiento para ser consciente de lo que comunicas con la cara que pones.

¿Cómo puedes reconocer las expresiones falsas?

Uno de los mejores indicadores para reconocer si una expresión es verdadera o falsa es la duración de la expresión facial. En general, si la expresión se mantiene más de 5-7 segundos, no es sincera, la persona está «actuando». Por ejemplo, se muestra sorprendida cuando en realidad no lo está, ya conocía lo que le acaban de decir, pero finge que le sorprende. La expresión facial de sorpresa verdadera es muy rápida, un segundo como máximo; si la cara de sorpresa perdura más tiempo, es que la persona está fingiendo la emoción, como está comprobado en el estudio de Ekman *Detecting Lies in Children and Adults*.

Otro dato es la simetría de la cara. Las expresiones sinceras son simétricas; cuando la expresión sea falsa o forzada, verás que la cara es asimétrica, con la expresión más marcada en uno de los lados de la cara.

Un buen ejercicio para practicar consiste en observar las expresiones faciales de tus colegas durante unos días e ir anotando la emoción que crees haber visto sin intentar entender el porqué; es decir, cada vez que veas la expresión de una emoción, lo anotas. Por ejemplo: «Sonia: enfado», y no «Sonia se ha enfadado porque no está de acuerdo con el jefe». Se trata de practicar primero el reconocimiento de la expresión, entender el motivo que ha causado la emoción será un paso posterior en el proceso de comprender la comunicación no verbal.

La mayoría de personas piensan que controlan perfectamente la cara que ponen. En muchas ocasiones, cuando empiezas a trabajar en la mejora de tus habilidades de comunicación, es un sorpresa darte cuenta de que esto no es así. En una ocasión, trabajando con un cirujano líder en su especialidad, una persona extrovertida con un lenguaje corporal muy expresivo y talento natural para comunicar, estábamos preparando una ponencia importante para presentar en un congreso mundial, muy centrados en el lenguaje corporal al dar un discurso a grandes audiencias, cuando en los ensayos grabados en vídeo descubrimos que, antes de responder a cualquier pregunta del público, durante el coloquio final, se observaban en el rostro del cirujano microexpresiones de enfado y de repugnancia: verbalmente estaba invitando al público a preguntar, pero en realidad le incomodaba el coloquio final, se sentía cuestionado, y su cara lo estaba reflejando. Así que enviaba un mensaje disonante, perdía credibilidad. Cambiamos el enfoque del entrenamiento y a partir de ese momento empezamos la auténtica mejora de su habilidad de comunicación.

ANÁLISIS EN VÍDEO: EXPRESIONES FACIALES DE BILL CLINTON

Bill Clinton está considerado como uno de los grandes comunicadores de nuestra época, domina la comunicación no verbal y tiene mucha experiencia en comunicación pública. Sin embargo, en una situación extrema como la que vivió durante el interrogatorio por el caso Lewinsky, en algunos momentos perdió el control de su lenguaje corporal. En el capítulo 5 dedicado a identificar el engaño, analizaremos los gestos que denotan mentiras, pero ahora nos centraremos en el reconocimiento de expresiones faciales negativas.

En uno de los momentos más tensos del interrogatorio, antes de responder a una pregunta muy difícil, se observa una microexpresión de desprecio. La imagen en el vídeo está ralentizada, con el objetivo de ver mejor la expresión de la emoción. Bill Clinton se queda callado y el fiscal pregunta si la cara que pone significa un sí o un no. Es un diálogo de comunicación no verbal. El fiscal ha sentido el rechazo e insiste para conseguir la respuesta verbal que busca. Clinton evita responder verbalmente, se acoge a su derecho, pero ante la siguiente pregunta, aún más difícil, su cara finge sorpresa, la sorpresa auténtica es muy rápida, un segundo como máximo, en ese momento el lenguaje corporal lo delata, la pregunta no le sorprende de verdad. La siguiente emoción que expresa es de enfado, pierde el control de su comunicación no verbal y ya no responde a las preguntas.

Para ver el vídeo, escanea el código QR, o bien ve a esta dirección: www.catalinapons.com

Si quieres profundizar en el conocimiento de las expresiones faciales, te recomiendo ver este vídeo, basado en el trabajo de Charles Darwin, Paul Ekman, Wallace Friesen y Joseph Hager. Ilustra de manera didáctica y simple las principales características de cada emoción:

http://youtu.be/TrgNKGjSyxA

EL PODER DE LA MIRADA

Los ojos son la principal puerta de entrada y también de salida del alma y la mente de las personas. A través de los ojos pasa la mayoría del flujo de información. Los ojos, como dice el refrán, no mienten. Por ello el contacto visual es un elemento tan fundamental y, muchas veces, crítico, de las relaciones entre seres vivos. De hecho, todos los animales se comunican a través del contacto visual. La mirada es poderosa, en algunas situaciones una mirada es suficiente para evitar o desatar un conflicto. En nuestro entorno más próximo, la mirada dirige la conversación, y cuando hablamos con alguien le miramos. Si estamos con un grupo de personas, indicar con la mirada a quién nos estamos dirigiendo es fundamental para establecer la comunicación. En las relaciones personales pasamos gran parte del tiempo observando la cara del interlocutor, y los ojos en particular. Y es que la mirada tiene una gran importancia en la interpretación de la actitud, de los pensamientos y sentimientos de una persona. Siempre hay que considerar que cuando dos personas se conocen, llevan a cabo una serie de valoraciones mutuas que se basan principalmente en lo que ven.

Por lo general, las personas tienden a establecer mayor contacto visual mientras escuchan que cuando hablan, justamente porque la mirada puede delatar cualquier mentira. Una persona que no esté siendo sincera tratará de evitar el contacto visual, siempre y cuando no sea un «profesional de la mentira»… Los factores culturales también influyen en la calidad de una mirada y en el tipo de contacto visual. En muchas culturas aguantar la mirada se considera un gesto violento o maleducado, así que, como siempre, tendremos que considerar el contexto. En general, y en nuestra cultura, apartar los ojos es un símbolo de sumisión. En situación de ataque, la víctima retira la mirada para parecer más dócil. Intentar parecer más diminutos en situación de conflicto es un instinto natural, encogiendo los hombros, acercando los brazos al cuerpo. Si la estrategia funciona, la víctima potencial llega a desactivar al atacante, ya que baja su nivel de agresividad, anulando la impresión de representar una amenaza. Se trata de una actitud muy válida en procesos de negociación.

Si los sabemos interpretar, los ojos pueden ser la señal de comunicación humana más relevadora y exacta. En particular, las pupilas, que reaccionan de forma inconsciente, nos pueden proporcionar una información valiosa.

Midriasis (dilatación): algo nos gusta. La pupila llega a dilatarse hasta cuatro veces su tamaño normal, un fenómeno que se puede notar aún más en ojos claros. La midriasis es un termómetro muy eficaz del enamoramiento. Si se observan las pupilas de dos enamorados mirándose, se notará casi ciertamente una dilatación independiente de factores externos, como la falta de luz. Además, la dilatación de la pupila tiene un efecto recíproco sobre la persona que observa, causando una dilatación por reflejo y una sensación empática de agrado.

Miosis (contracción): este fenómeno aparece, sin la presencia de factores externos, cuando algo no nos gusta, estamos enfadados o de mal humor.

El análisis tanto de la midriasis como de la miosis suele acompañarse de la observación del movimiento de los músculos oculares, así como de la frecuencia del parpadeo. Unos ojos muy abiertos suelen significar que la persona está interesada y prestando atención. En el caso de una apertura ocular exagerada, es probable que esté comunicando miedo o sorpresa. Del mismo modo unos ojos entrecerrados pueden indicar desconfianza o evaluación de lo que se está diciendo. En una negociación, abrir mucho los ojos puede significar querer llamar la atención sobre un hecho. Entrecerrarlos un poco, en cambio, trasmite aplomo y firmeza.

La dilatación y la contracción de las pupilas nos ofrecen una información valiosa

Durante una conversación, los ojos de una persona se mueven en muchas direcciones. Sin darnos cuenta, de hecho, a veces estamos mirando hacia nuestro objetivo, como puede ser la puerta de salida, si nuestra intención es la de marcharnos, o la botella de agua, si tenemos la boca seca y necesitamos beber. Los que sepan leer estas señales, podrán adelantarse a las necesidades del interlocutor, ganando su confianza y el control de la situación. La dificultad es que los movimientos oculares pueden ser muy rápidos y están inmersos en un conjunto de gestos, de modo que pueden resultar difíciles de ver. Para entrenar esta habilidad es muy recomendable utilizar herramientas de vídeo o *software* de análisis de expresiones y detectar discrepancias entre lo que interpretas que la persona está pensando y lo que está diciendo.

Las miradas pueden ser de diferente naturaleza y, para poder reconocer la especificidad de cada una, el rostro nos ofrece otro elemento fundamental: *las cejas*. Las cejas subrayan, refuerzan y hacen explícitas las emociones que los ojos nos sugieren. Levantar las cejas es un signo social de agrado, que, además, tiene un poder de contagio: levanta las cejas a personas que te gustan, la mayoría te devolverá el gesto, incluso una sonrisa o se acercará para hablar. En algunas culturas levantar las cejas se considera un saludo.

La *mirada social* se dirige casi exclusivamente al triángulo ojos-nariz-boca, y cuanto más extensa sea esa zona, mayor será la capacidad de comunicación. La mirada íntima suele producirse en cortas distancias y se enfoca, sobre todo, hacia los ojos.

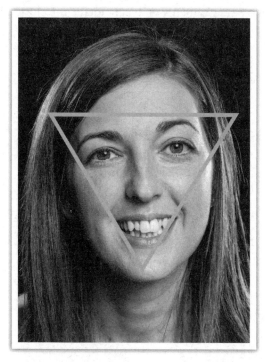

La mirada social se dirige casi exclusivamente al triángulo ojos-nariz-boca

La *mirada de reconocimiento* se dirige primero a la cara, luego baja y vuelve a subir. Esta mirada se puede utilizar para mostrar interés en la otra persona y ser recíproca. Hay que tener en cuenta que la mujer dispone de una visión periférica más amplia que le permite ver mayor parte del cuerpo del hombre sin que esto se note. La visión «de túnel» del hombre, al contrario, es el motivo por el cual este repasa con la mirada todo el cuerpo de la mujer de un modo tan evidente, hecho que a menudo puede causar malentendidos...

La *mirada de poder* se centra entre los ojos y las cejas, tiene una intención dominante, sujeta a la otra persona, que se siente bajo examen y en condición de inferioridad. Gestos como el de mirar por encima de la montura de las gafas refuerzan esta sensación. La mirada de poder no es aconseja-

La mirada de poder se centra entre los ojos y las cejas.
Tiene una intención dominante

ble en encuentros amistosos y también puede ser peligrosa en negociaciones, cuando no hay que prevenir al interlocutor. Al contrario, esta mirada funciona muy bien si la intención es la de intimidar y ofrecer una impresión de autoridad.

QUÉ NOS DICE LA NARIZ

Del triángulo de la expresión, posiblemente la nariz sea el elemento más débil. Sin embargo, no hay que infravalorar sus capacidades de comunicación, ya que esconde una parte muy instintiva de nuestro ser. No en vano, en el mundo animal (piensa en un toro), la dilatación de las aletas de la nariz, acompañada por un resoplido de aire, anuncia la preparación a la lucha. Se trata de un gesto de aviso muy primario y al que conviene prestar atención, y no porque debamos esperar una reacción violenta, en situaciones profesionales lo que nos indica es que la persona está a punto de decir o hacer algo.

El olor es algo que interviene en mecanismos muy ancestrales de nuestro cerebro y por lo tanto causa reacciones difícilmente controlables y del todo auténticas. Incluso el simple recuerdo de un olor puede provocar consecuencias y respuestas de tipo físico.

Cuando nos topamos con algo que nos provoca rechazo y disgusto, resulta casi inevitable intentar cerrar la nariz, arrugarla y mostrar nuestro sentimiento de incomodidad. Del mismo modo, esa será la reacción frente a algo que no nos cuadre, nos violente o que, simplemente, no nos guste, ya sea una afirmación o un estímulo visual externo.

Pellizcarse el puente y la punta de la nariz es una clara señal de conflicto interno. Ese gesto puede significar tensión, duda, preocupación, o puede ser parte de un grupo de gestos asociados al engaño. De todas formas, se trata, una vez más, de acompañar el análisis del gesto particular de una visión más general, que tenga en cuenta factores ambientales y la gestualidad específica de la persona que estamos analizando.

La nariz nos proporciona también indicios de otra naturaleza. De hecho, sin tener que observar los movimientos del tórax, a través de la nariz podemos fácilmente examinar la respiración de nuestro interlocutor. Un suspiro pesado o una respiración acelerada, o particularmente ruidosa, suelen señalar una condición de frustración y agitación. La rabia y la preocupación casi siempre se acompañan de suspiros muy cortos y frecuentes y de una respiración rápida.

QUÉ VEMOS EN LA BOCA

La boca tiene su propio diccionario. Expresamos muchos sentimientos con ella, y la sonrisa es un elemento privilegiado de la comunicación no verbal.

Las distintas formas de sonreír nos abren un mundo de valiosa información. La sonrisa se asocia a las ideas de felicidad, alegría, simpatía, positividad. Se trata de una herramienta clave en las relaciones, una clave que, además, influye directamente en las actitudes de los demás y en sus respuestas. Es muy difícil no contagiarse frente a una sonrisa abierta y sincera. La sonrisa es muy eficaz consiguiendo el efecto espejo, ya que las personas tendemos a sincronizarnos con nuestros interlocutores, y ofrecer y devolver una sonrisa genera un clima propicio, favorece una buena comunicación y empatía.

En una negociación, reunión o entrevista comercial, sonreír en el momento adecuado o en las fases iniciales, cuando los interesados aún se están estudiando, produce una respuesta positiva en ambos lados de la mesa, genera mejores resultados y hasta llega a incrementar las ventas, como saben muy bien los comerciales, que cuidan sus sonrisas como una verdadera herramienta de trabajo.

Hay que tener en cuenta que existen diferencias entre mujeres y hombres: las mujeres suelen sonreír más, o con más facilidad. Se trata de una característica que durante una negociación un hombre puede interpretar como un gesto de sumisión. Así que en esa situación para la mujer es recomendable sonreír en espejo, solo cuando el hombre lo hace. Al mismo tiempo, si los hombres quieren ser más persuasivos con la mujeres, en general deberían sonreír más.

La llamada *sonrisa de Duchenne*[2] (Guillaume Duchenne fue el médico francés que la clasificó) podría decirse que

La foto de la izquierda es una sonrisa auténtica, la de la derecha es una sonrisa social

es el modelo perfecto. Es la sonrisa auténtica, que se puede distinguir de una sonrisa falsa (una sonrisa no-Duchenne) por las arrugas que se forman alrededor de los ojos. De hecho, cuando una persona tiene «los ojos sonrientes», normalmente está siendo sincera. Una sonrisa falsa muestra los conflictos internos a través de los labios que se tuercen y la mirada que «escapa» hacia arriba. Una sonrisa verdadera hace que toda la cara sonría, los ojos también ríen, y es simétrica.

Entre las sonrisas sinceras, se pueden distinguir diferentes matices, que reflejan el nivel de confianza, de alegría y de timidez. La sonrisa puede ser un simple gesto de saludo y cortesía o puede realmente expresar felicidad y sorpresa. El nivel de exposición de los dientes, inferiores y superiores nos indica el tipo de sonrisa a la que nos enfrentamos.

Hay muchos tipos de sonrisa, las tres más comunes son la *sonrisa sencilla*, con los labios cerrados, la *sonrisa superior*, que descubre solo la parte superior de los incisivos, y la *sonrisa amplia*, donde se abre la boca y, a menudo, se cierran los ojos o se inclina la cabeza hacia atrás.

En definitiva, la sonrisa tiene un gran impacto en la comunicación, los humanos preferimos las emociones positivas. En diferentes estudios se ha demostrado que solo viendo la foto de alguien sonriendo, nuestras áreas cerebrales de la alegría se activan, sentimos un efecto positivo en nuestro estado de ánimo, por eso nos gusta. Las personas sonrientes son consideradas por los demás como más atractivas, honestas, cálidas, sociables y competentes. Se ha comprobado que la sonrisa genera indulgencia, condescendencia, se juzga a la persona con mayor benevolencia. Este hecho ha sido estudiado y denominado *smile-leniency effect*,[3] y se ha constatado que incluso en situaciones extremas como un juicio los culpables/acusados sonrientes reciben penas más leves.

En los movimientos de los labios podemos ver otras señales emocionales. Los labios fruncidos pueden ser una señal de que la persona no está de acuerdo con alguien o con lo que está diciendo. Mordisquear el labio inferior puede indicar nerviosismo o que la persona está evitando hacer un comentario.

En situaciones de estrés, los efectos de la adrenalina producen sequedad en la boca y una reacción de tocarse o lamerse los labios para reducir la ansiedad.

RECONOCIMIENTO FACIAL AUTOMATIZADO

En la actualidad se está trabajando en la automatización del reconocimiento de las emociones. Ya existe un *software* capaz de leer el estado emocional de una persona en cada momento: Paul Ekman ha clasificado hasta 10.000 expresiones distintas en su Sistema de Codificación Facial (*Facial Action Coding System/Investigator's, FACS*), ha creado un sistema para su utilización en controles de aeropuerto, interrogatorios policiales y, por qué no, entrevista de trabajo.

El Sistema de Codificación Facial puede analizar todas las microexpresiones faciales

El gigante de internet, Google, ha anunciado la incorporación de este tipo de *software* a sus Google Glass. Se trata de la versión beta de una aplicación desarrollada por la compañía norteamericana Emotient, capaz de elaborar un informe preciso de las emociones manifestadas por las caras de las personas incluidas en nuestro campo de visión. El procesamiento de los datos se realiza en servidores remotos que analizan fuentes de vídeo en *streaming* procedentes desde cualquier fuente para luego emitir el veredicto de la emoción.

Al parecer, el programa no tiene problemas en detectar emociones muy sutiles (un poco de melancolía), o sonrisas muy rápidas, al nivel de microexpresiones.

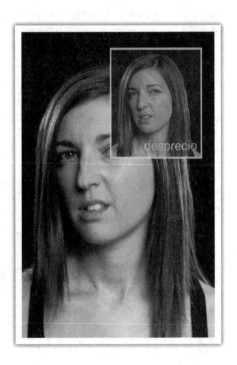

Está claro que el desarrollo más fascinante es el que se refiere a la inteligencia artificial. Pronto nuestros terminales electrónicos (tabletas, *smartphones* y ordenadores, hasta llegar a verdaderos robots) reconocerán nuestro estado de ánimo y actuarán en consecuencia. Notarán que estamos tristes y, sin la necesidad de decirles nada, nos pondrán nuestra canción favorita.

Actualmente, el sistema es capaz de detectar automáticamente el sexo de una persona, pero ya están a punto de actualizarlo para calcular la edad y determinar el grupo étnico del sujeto.

Los beneficios de este sistema se reflejarían también en el sector de ventas directas. El encargado de una tienda sabrá instantáneamente cómo te sientes sobre uno u otro producto.

RECORDAR

- Paul Ekman definió las características de la expresión facial de cada emoción y demostró que en cualquier parte del planeta los humanos expresamos de la misma forma las emociones básicas: alegría, tristeza, miedo, sorpresa, ira, asco y desprecio.

- Las microexpresiones son muy rápidas y se producen en el marco de un conjunto de movimientos de la cara, se requiere entrenamiento para interpretarlas correctamente y exigen la utilización de vídeo y de *software* específico para detectarlas.

- La duración de la expresión facial y la simetría de la cara son indicadores para reconocer si una expresión es verdadera o falsa.

- Todos los seres humanos sentimos de forma intuitiva las emociones de nuestros interlocutores, pero se puede aprender a reconocerlas y a ser consciente de lo que se ha visto.

- La *mirada social* se dirige casi exclusivamente al triángulo ojos-nariz-boca. La *mirada de poder* se centra entre los ojos y las cejas, tiene una intención dominante.

- La sonrisa es muy eficaz consiguiendo el efecto espejo, ya que las personas tendemos a sincronizarnos con nuestros interlocutores, y ofrecer y devolver una sonrisa genera un clima propicio y favorece el entendimiento.

- Paul Ekman ha clasificado hasta 10.000 expresiones distintas en su Sistema de Codificación Facial (*Facial Action Coding System/Investigator's, FACS*), y ha creado un sistema para su utilización en controles de aeropuerto y interrogatorios policiales.

3. ENTENDER QUÉ DICE
EL CUERPO

Interpretar el lenguaje corporal requiere práctica, mucha práctica, los gestos son como una palabra que forma parte de una frase, en una conversación, en un contexto entre unas personas concretas. Los gestos no se deben interpretar de forma aislada, ni tienen un único significado, hay que «leer» grupos de gestos que tendrán un significado u otro en función de la persona que lo realiza y de la situación. Intentar dar significado con un solo gesto es como intentar averiguar el significado de una historia por una palabra; resulta imposible.[1]

Sin conocer la gesticulación habitual de una persona puede ser complicado interpretar correctamente lo que estás viendo, lo relevante es identificar cambios en el lenguaje corporal que nos comuniquen lo que en realidad está sintiendo nuestro interlocutor en un momento concreto de la conversación. No hay ninguna receta universal o listado de gestos a los que atribuir un significado absoluto, ese error cometido en el pasado ya ha sido superado por los avances científicos en la comprensión del funcionamiento de la comunicación no verbal. Debemos dominar la «gramática» del lenguaje corporal, pero, sobre todo, debemos conocer a las personas, saberlas escuchar y observar.

Aprender requiere un esfuerzo adicional, un esfuerzo imprescindible si se quiere dar un paso significativo para mejorar las habilidades de comunicación interpersonal. Se recomienda empezar observando los gestos de personas muy afines, la familia, amigos y colegas profesionales más próximos, personas con las que cada día ponemos en práctica nuestra experiencia inconsciente en lenguaje corporal. Al llegar a casa, ¿cómo sabemos si todo va bien solo con el tono de voz de nuestros familiares? o ¿qué hace que decidamos si nuestro jefe tiene un buen día para comentarle un tema difícil? Los conocemos y hemos aprendido a entender sus señales corporales. Si los observamos con atención, además de intuirlo, conseguiremos ser conscientes de por qué lo hemos entendido. Es decir, en lugar de tener solo la intuición, el *feeling,* sobre alguien, puedes aprender a ser consciente de qué señales no verbales son las que te han hecho llegar a esa conclusión y valorar con mayor conocimiento si la consideras válida.

Tal como hemos visto en el primer capítulo, el primer paso para desarrollar estas habilidades es conocer tu propio lenguaje corporal. El aprendizaje se realiza en dos sentidos:

- Conocer y controlar tu lenguaje corporal, ser consciente de qué comunicas.
- Interpretar y leer correctamente el lenguaje corporal de tus interlocutores.

TRES PREGUNTAS CLAVE

Para entender el lenguaje corporal de los demás utilizamos el mismo esquema aplicado en el proceso de autoconocimiento. Nos hacemos tres preguntas sobre su lenguaje corporal:

1. ¿Es receptivo o defensivo?
2. ¿Es poderoso?
3. ¿Es honesto o miente?

Al principio tendrás la sensación de no poder estar pendiente de tantas cosas, pero ten en cuenta que lo haces cada día. De forma intuitiva, pero lo haces. Ahora se trata de tomar consciencia de cómo estás interpretando el lenguaje corporal de los otros. Solo con la información que estás leyendo en este libro y practicando puedes realmente mejorar tus habilidades de comunicación. Se trata de que dediques un poco de tiempo a pensar en cuál de las tres preguntas te interesa indagar antes de verte con alguien para mantener una conversación en una reunión, una entrevista o una negociación.

A continuación, vamos a repasar las principales pistas para responder a cada pregunta.

¿Se muestra receptivo o defensivo conmigo?

Esta primera pregunta es la más básica y la que primero serás capaz de interpretar correctamente.

Cuando una persona está receptiva, su lenguaje corporal es abierto y muestra múltiples señales de interacción, mueve las cejas, asiente con la cabeza, sonríe, mira a los ojos, y abre los suyos mostrando interés. En la boca también se pueden observar signos claros de defensa, tales como mantener la boca cerrada o apretar los labios con fuerza.

Si el torso y la cabeza se dirigen hacia ti, te está escuchando; cuanto más alineado y más cerca esté físicamente, mayor grado de receptividad implica. Por el contrario, si la persona se aleja o dirige su cuerpo en otra dirección, te está diciendo que se está protegiendo, defendiendo de ti. En general, cuando la postura corporal tiende a hacerse pequeña (tu interlocutor se encoge de hombros, baja la cabeza o curva la espalda), indica una actitud defensiva.

¿Cómo mueve las manos? ¿Las tiene escondidas en un bolsillo, debajo de la mesa? ¿Se retuerce los dedos? ¿Tiene las manos cruzadas? Son todas señales defensivas. Por el contrario, mostrar las palmas de las manos comunica sinceridad, apertura. Las manos dicen muchas cosas y en la última parte de este capítulo tendrás la descripción de los principales gestos de las manos.

Cruzar los brazos es uno de los gestos más populares y peor interpretados, cruzamos los brazos por muchos motivos, se puede deber a causas banales sin ninguna importancia en la conversación, pero cuando se produce en un determinado contexto y cuando lo realiza una determinada persona, puede indicar una actitud defensiva. Numerosos estudios han demostrado que cuando una persona está negociando en esta posición o con las piernas cruzadas es más probable que no se llegue a ningún acuerdo.

Por último, ¿cómo tiene las piernas y los pies? La dirección de los pies indica la verdadera intención de la persona. Si los pies se dirigen hacia la puerta, aunque continúe hablando contigo, en realidad tiene ganas de irse, de terminar la conversación.

Si la conversación fluye en armonía, observarás cómo su lenguaje corporal será cada vez más receptivo, abierto a lo que le estás comunicando. Si realmente está de acuerdo contigo, te lo mostrará sincronizando su lenguaje corporal con el tuyo, te duplicará. *Mirroring* es la señal más clara e inequívoca de estar de acuerdo. Si realmente estás convenciendo a tu interlocutor, verás cómo su comunicación no verbal lo expresará, mostrando cada vez más su compromiso contigo. La persona te mostrará gradualmente su actitud receptiva, abierta, aliada y, por último, comprometida con lo que le estás diciendo.

En cambio, cuanto más cerrado sea el lenguaje corporal, más en contra está la persona. Se está defendiendo, está diciendo que no le interesa, que no confía, no está de acuerdo y te lo está comunicando con todo su cuerpo, diga lo que diga cuando habla. Si has intentado sincronizar tu lenguaje corporal con el suyo y no lo has conseguido, seguramente te está diciendo que no está de acuerdo contigo en nada.

¿Se siente más poderoso?

Una persona que se siente cómoda y segura con la situación tiende a ocupar el máximo espacio posible, ocupa más sitio que el resto de personas, mantiene los brazos y las piernas abiertos. Interviene mucho en la conversación, interrumpe tomando el control de la comunicación con naturalidad, domina el tempo de la interacción. Mira directamente a los ojos, tiene una mirada poderosa y la utiliza con intención para interactuar con sus interlocutores. Mantiene la cabeza recta, asiente para interactuar. Un gesto de la cabeza muy habitual en las personas poderosas es el de afirmar con la cabeza al mismo tiempo que la dirige hacia el interlocutor, como si le señalase con la cabeza. En general, cuanto más alta la cabeza, más poder, y cuanto más baja, mayor sumisión. Habla con volumen alto y claro, hace cambios de entonación, los demás le escuchan con facilidad.

Tiene una postura erguida, parece más alto de lo que es. Mueve las manos, las mantiene en el campo de visión, puede señalar con el dedo, cerrar el puño para enfatizar un mensaje importante y poderoso. Comunica seguridad y determinación, que está muy convencido de lo que está diciendo.

Cuando quieres comunicar seguridad, uno de los gestos que más lo transmite son las manos detrás de la cabeza con el torso un poco hacia atrás. Otro gesto de seguridad y dominio de la situación son las manos en campanario.

Mantener los brazos en jarra con las piernas abiertas es una de las posturas que vemos con frecuencia cuando alguien se siente poderoso, la raíz es muy física, de hecho, poner las piernas un poco más abiertas que el ancho de la cadera ofrece más estabilidad, es una posición que se adopta para prepararse para una pelea.

Por el contrario, si la persona no se siente con poder en la situación, tiende a mostrar un lenguaje corporal defensivo, tal como hemos visto, se hace pequeña, ¡intenta desaparecer!

¿Es honesto o miente?

Saber si alguien está siendo honesto o está contando una mentira es algo que interesa a casi todo el mundo en todo tipo de circunstancias. En determinadas situaciones, esta puede ser la pregunta clave para ti: «¿Mi jefe me está diciendo la verdad o está ocultando algo?» «Mi colega dice que está de acuerdo, pero no lo parece».

En los entrenamientos con clientes este es uno de los aspectos que despiertan mayor curiosidad y también una cierta decepción: ser especialista en lenguaje corporal no te convierte en un detector de mentiras automático e infalible.

Sin conocer el lenguaje corporal basal de la persona, identificar el engaño puede ser muy complejo y casi imposible, tanto que hemos dedicado a este tema un capítulo completo en el que encontrarás todo lo que sabemos hasta hoy sobre la detección de mentiras.

El síntoma fundamental es que se producen cambios significativos en el lenguaje corporal en momentos concretos de la conversación. Para identificar estos cambios de gestualidad, es imprescindible conocer el lenguaje corporal basal del interlocutor. Mentir supone un esfuerzo cognitivo y conlleva unas dosis de estrés que se manifiestan con cambios en el lenguaje corporal.

Los gestos asociados con el acto de mentir son cambios en la mirada: en general, disminuye el contacto visual, no te mira a la cara cuando está diciendo algo falso, aunque también puede ocurrir que, si la persona está habituada a mentir, fuerce el contacto visual para que no se note. Los mentirosos entrenados mienten mirando a los ojos. La frecuencia del parpadeo también cambia, se incrementa a más de 8-10 veces por minuto, pero si la persona está acostumbrada a mentir, casi no parpadea. La expresión de la cara puede mostrarse «congelada» y prácticamente sin movimiento. En un intento de evitar enviar señales de engaño, el mentiroso paraliza su expresión facial; de nuevo lo que detectaremos es un cambio en la expresión de la cara de la persona, resultará poco natural. Otro síntoma es observar disonancias en la cara, expresiones que se contradicen; por ejemplo, la boca sonríe, pero los ojos están serios, no es congruente. El esfuerzo cognitivo de mentir se acompaña de un incremento de irrigación de la zona nariz-boca, que provoca un cierto escozor y el gesto de frotarse la nariz y la boca. Lo más importante es observar disonancias entre las diferentes partes del cuerpo, la cabeza y el tronco se dirigen hacia ti, pero las piernas están en otra dirección. Son contradicciones.

La voz también comunica el engaño: cambia el volumen, la velocidad al hablar, notamos variaciones en el timbre de la voz.

En el capítulo 5 (págs. 117-118), dedicado enteramente a identificar el engaño a través del lenguaje corporal, tienes el *link* al vídeo con mi análisis del interrogatorio al que fue sometido Clinton por el caso Lewinsky. Podrás observar todos estos síntomas de engaño en dos minutos.

En mi experiencia, respondiendo a estas tres preguntas se resuelven la mayoría de las situaciones, a medida que avanzas y aprendes serás capaz de incrementar el grado de comprensión y de identificar más matices. Por ejemplo, podrás ver si el lenguaje defensivo de tu interlocutor está motivado porque está contra ti en general o porque no está de acuerdo con lo que estás proponiendo, o bien es defensivo en general, siempre.

Las personas «intuitivas» son personas que de forma natural comprenden mejor que la mayoría de humanos los mensajes de la comunicación no verbal, han aprendido a tener en cuenta esta información no consciente, juegan con ventaja, entienden mucho mejor lo que les están diciendo los demás y no necesitan hablar para comunicar muchas cosas.

INTERPRETAR EL LENGUAJE CORPORAL
EN TRES PASOS

El proceso que llevas a cabo en cualquier tipo de conversación se desarrolla en tres pasos:

1. Identificar el lenguaje corporal basal de tu interlocutor.
2. Valorar grupos de gestos.
3. Considerar el contexto y los cambios.

Es un aprendizaje que requiere práctica, mucha práctica. Se puede practicar con distintos interlocutores en las diferentes situaciones profesionales que vivimos, ya sean reuniones con tus compañeros de equipo, presentaciones a clientes o negociaciones. Solo practicando en cada conversación conseguirás desarrollar el grado de escucha activa y de atención necesario para identificar e interpretar correctamente el lenguaje corporal de tus interlocutores. Al principio, te exigirá mayor concentración hasta que interiorices el conocimiento y lo automatices.

En las conversaciones en grupo, con varios interlocutores, repite el proceso con cada persona que te interese entender.

A veces te puedes concentrar solo en las personas clave en la conversación, otras te puede interesar captar y entender mejor a todos los miembros del grupo, depende de la situación y del objetivo que tengas.

Identificar el lenguaje corporal basal de tu interlocutor

En situaciones en las que no conoces a tus interlocutores, solo tienes los primeros minutos de presentación antes de empezar la reunión, la negociación o la entrevista que ha motivado el encuentro, para observar el lenguaje corporal habitual de los otros.

El objetivo es diagnosticar rápidamente las principales características de su comunicación basal, ver cómo es su lenguaje corporal habitual para poder identificar los cambios y el significado que pueden tener cuando se inicie la conversación. En solo unos minutos, si observas con atención, verás el tipo de comunicación no verbal que tiene tu interlocutor en situación neutral, antes de iniciar la conversación.

¿Cómo es el lenguaje corporal que estamos observando? ¿Es muy expresivo? ¿Nos mira a los ojos? ¿Evita mirarnos a los ojos? ¿Sonríe? ¿Tiene cara de póquer? ¿Es poco expresivo? ¿Mueve las manos? ¿Qué gestos hace con más frecuencia? ¿Qué postura tiene? ¿Está erguido o tiene los hombros caídos? ¿Habla rápido o despacio? ¿Tiene una voz potente o débil?

De esta forma, cuando se inicie la conversación, podrás identificar cambios en su lenguaje corporal. Cuando el cambio te parezca significativo, piensa si se ha producido como reacción a algo que acabas de decirle, o si has hecho algún gesto, movimiento, expresión que ha podido provocar el cambio de actitud.

Valorar grupos de gestos

Trabajamos valorando grupos de gestos asociados, pues como ya hemos visto un gesto aislado puede tener significados muy diferentes y no tiene sentido el análisis aislado. Consideramos un grupo de gestos asociados, aquellos gestos, posiciones y movimientos que refuerzan un mismo significado. Como mínimo tendrás que identificar tres señales que te estén indicando el mismo significado. Las personas cruzamos los brazos por muchos motivos y en situaciones muy diferentes, pero si estás hablando con alguien de un tema difícil y su lenguaje corporal pasa de ser receptivo y abierto a ser cerrado (cruza los brazos, frunce el ceño y baja el tono de voz), sí que puedes concluir que lo que acabas de decir no le ha gustado.

Considerar el contexto y los cambios

El contexto influye en la forma de relacionarnos con los demás. Las mismas personas se comportan de maneras diferentes en función del contexto en el que se encuentran. El mismo equipo interacciona de manera diferente dependiendo de si está en una reunión en la sala de juntas o en una comida informal. Son las mismas personas, se conocen y hablan cada día, pero en cada contexto observaremos variantes en su comunicación no verbal; el contexto condiciona la forma de interacción.

Las personas nos relacionamos de una forma con nuestros familiares y amigos y de otra en situación profesional.

RESUMEN

1. Prepárate para la conversación: piensa qué pregunta te interesa responder de tu interlocutor.
2. Observa su lenguaje corporal basal, habitual, clasifícalo en los tres grandes ámbitos.
3. Identifica grupos de gestos asociados, tres gestos que indiquen el mismo significado.
4. Observa e interpreta los cambios de lenguaje corporal.
5. Ten en cuenta el contexto.

CONTROLAR TU LENGUAJE CORPORAL
PARA EVITAR INTERPRETACIONES NEGATIVAS

Conocer los principales gestos del cuerpo y el significado que se les atribuye con más frecuencia es importante para ser consciente de qué están interpretando los demás cuando les hablas. Recuerda que todos los seres humanos somos expertos inconscientes en lenguaje corporal, por tanto tus interlocutores, con mayor o menor acierto, interpretan tu comunicación no verbal. En muchas ocasiones te interesará suprimir o cambiar alguno de los gestos que haces habitualmente para evitar que sean malinterpretados en una situación concreta en la que no te interesa comunicar ese mensaje.

A continuación describimos los gestos corporales que conviene dominar para trabajar en tu autoconocimiento y en la mejora de tu comunicación no verbal; así evitarás interpretaciones erróneas o negativas.

La cabeza

Asentir con la cabeza es una manera muy útil de fomentar un acuerdo. Reafirmar que estamos de acuerdo es muy importante cuando escuchamos, si queremos que la otra persona lo entienda y siga estando cómoda con su exposición. Este gesto, usado en la justa medida, es, como la sonrisa, una herramienta muy eficaz para ganarse la confianza del interlocutor. En cambio, si se convierte en un movimiento exagerado de asentimiento, rápido y prolongado, indica todo lo contrario, comunica impaciencia, es como estar diciéndole a la otra persona: «Ya lo he entendido, puedes dejar de hablar».

Siempre que quieras comunicar interés a tu interlocutor y hacerlo hablar más, asiente con la cabeza regularmente de forma pausada. La investigación demuestra que las personas llegan a hablar hasta cuatro veces más de lo habitual si el que escucha les va enviando este mensaje.

Del mismo modo, negar con la cabeza indica todo lo contrario, estás diciendo no estás de acuerdo, de forma clara.

Mantener la cabeza ladeada indica una clara condición de sumisión: la garganta queda expuesta, como hacen los cachorros de animales cuando quieren evitar conflictos con los mayores. En esta postura, la persona parece más pequeña y frágil. El interlocutor reducirá su agresividad enseguida, ya ha

Mantener la cabeza ladeada comunica sumisión

vencido, no necesita insistir. Es una posición muy femenina. Se debe evitar en situaciones en las que no convenga que los demás lo interpreten como sumisión.

Otra posición de la cabeza que comunica inseguridad o sumisión es la llamada «cabeza de pato»: los hombros suben y la cabeza baja, se esconde entre los hombros. También puede indicar una relación de poder entre un jefe y un miembro de su equipo.

La posición de la cabeza, combinada con gestos de las manos, como por ejemplo tocarse la barbilla, indica que la persona está evaluando lo que está escuchando, pensando, decidiendo; puede ser una señal importante en una negociación o en una entrevista de ventas.

Las manos

La manos son una verdadera alternativa comunicativa, logran expresar una gama completa de significados; comunican seguridad, inseguridad, confianza, ansiedad, aburrimiento o defensa.

Los gestos de las manos y el pensamiento están tan íntimamente coordinados que, bloqueando las manos, las capacidades expresivas verbales pueden verse perjudicadas, incluso la capacidad de razonamiento. En estudios que han analizado el funcionamiento del cerebro con resonancia magnética, se ha observado que las áreas cerebrales del lenguaje no solo se activan cuando hablamos, sino también cuando gesticulamos con las manos. Por tanto, no tiene ningún sentido intentar bloquear el movimiento natural de las manos cuando hablamos, tanto en público como en privado. Lamentablemente, durante años se consideró que los buenos oradores en discurso público gesticulaban poco con las manos y en los entrenamientos se recomendaba minimizar los gestos. Es un error porque bloquea la capacidad de expresión de la persona y es antinatural. En el capítulo 6 tratamos el lenguaje corporal durante una presentación en público, encontrarás en él recomendaciones para saber mover las manos cuando hablas en público.

Lo natural es que hablemos gesticulando con la manos, tanto es así que incluso cuando hablamos por teléfono, siendo plenamente conscientes de que la otra persona no nos ve, movemos las manos, y lo hacemos porque forma parte intrínseca de nuestra forma de comunicarnos. Personas que han nacido ciegas y que, por tanto, no han aprendido a gesticular con las manos en base a la imitación de otros seres humanos también gesticulan con las manos cuando hablan.

Los gestos ilustradores, adaptadores y enfáticos

Los *gestos ilustradores*[2] son aquellos que se manifiestan en perfecta concordancia y sincronía con las ideas que exponemos. Imaginemos a una persona que habla de un «pequeño» problema que tiene. Al decir la palabra «pequeño», junta un poco sus dedos índice y pulgar, como agarrando un objeto diminuto, y los acerca a su ojo, como quien mira por un microscopio. Verbos tales como «soltar» y «apartar» suelen acompañarse de manos que se mueven «hacia afuera». Son gestos que apoyan el mensaje verbal, son congruentes y mejoran la compresión.

A veces puede ocurrir que si la persona se encuentra en una situación de estrés, porque, por ejemplo, debe responder a una pregunta que puede comprometerle, los gestos de las manos acaben siendo muy distintos e incoherentes. Son *gestos adaptadores* y provocan que, en vez de apoyar lo que decimos, nuestras manos traten de «distraer» del tema del que hablamos, ya sea jugando con nuestro reloj, rascándonos las orejas o la nariz, llevándonos la mano a la cara o acomodándonos las gafas. Comunican claramente la incomodidad de la persona.

Los *gestos enfáticos* son los que se hacen, en general con las manos, para enfatizar un mensaje concreto. Son claros, contundentes y tienen el objetivo de captar la atención de la audiencia.

Los gestos ilustradores se deben ejecutar siempre por debajo de la barbilla, de modo que no cubran la cara y se pierda credibilidad. Gestos amplísimos, de arriba abajo, que comienzan incluso por encima de la cabeza, tratan de crear una sensación de «arrase» junto al discurso. Se trata de una tipología gestual muy utilizada por los políticos, con un corte generalmente populista. Quien tiene el control, y no teme ejercerlo, tendrá la templanza para usar gestos ilustradores que no suban más allá de la barbilla. En este caso, nuestra sola presencia debe proyectar autoridad y se debe evitar el error de querer «exagerar» nuestro ímpetu, ya que podríamos obtener el efecto contrario, restando fuerza a nuestro mensaje.

Analizaremos ahora algunos de los gestos clave que se realizan con las manos.

El apretón de manos

Este gesto, en la mayoría de las culturas, significa franqueza y unión. Sin embargo, como todos lo gestos que prevean un contacto físico entre dos personas, el apretón de manos puede vehicular submensajes de diferentes tipos.[3]

El *apretón de manos normal* o *igualitario* es aquel en el que ambas palmas se encuentran en posición vertical y las dos personas imprimen la misma fuerza y presión, de manera firme pero sin demasiada fuerza. Ambas partes también mantienen el contacto visual mientras sacuden las manos, algo que no se repite más de tres veces. El apretón de manos igualitario, acompañado con una sonrisa, muestra seguridad y confianza, pero no arrogancia.

Por el contrario, cuando alguien te la da la mano casi sin fuerza, no aprieta, está transmitiendo falta de interés o inseguridad. Si además evita mirarte y se aleja de ti, es casi seguro que no le apetece mucho hablar contigo.

La presidenta chilena Michele Bachelet saluda a Lula con un apretón de manos igualitario mientras lo mira a los ojos y sonríe

El *apretón de manos «doble»* prevé que una de las dos personas use las dos manos en lugar de una sola para envolver el apretón. También se puede apoyar la otra mano sobre el antebrazo o el hombro del oponente. Por lo general, esta tipología de apretón de manos significa sinceridad e interés genuino hacia la otra persona.

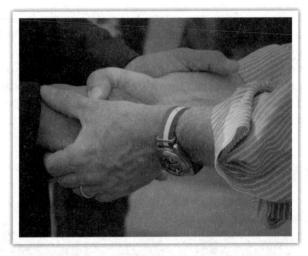

El apretón de manos doble equivale a un abrazo, es un signo de confianza

Obama recibe a Shimon Peres, ambos complementan el apretón de manos
apoyando la mano en el antebrazo del otro, un gesto que comunica confianza

Existe también el *apretón de manos «de dominio»*. A veces, alguien puede demostrar su superioridad extendiendo la mano con la palma hacia abajo para que la otra persona tenga que girar la suya hacia arriba de manera sumisa. Este es un claro signo no verbal que dice: «Aquí mando yo». Lo mismo pasa al revés, si uno de los dos está comunicando de manera inconsciente sentimientos de inferioridad. Otra forma de comunicar dominio es ladear la mano de manera que el dorso ocupe la posición superior y quede a la vista de todos; es el apretón de manos más habitual entre políticos.

Valdimir Putin y Matteo Renczi se colocan de frente a la cámara,
Putin mantiene posición de dominio

«Guerra y paz» es el típico gesto de rendición. Se levantan las manos y se enseñan las palmas para mostrar la ausencia de armas o intenciones violentas. Es casi universal. En general, las *palmas de las manos abiertas* indican sinceridad y franqueza. Sin embargo, aquí también debemos tener en cuenta las diferencias culturales. Los gestos de las manos, de hecho, son un verdadero idioma y casi cada pueblo del planeta tiene su propio código. Los italianos han hecho de los movimientos de las manos un arte indispensable para su manera de comunicar. Y para un griego lo de exponer una sola palma abierta es un insulto muy común en el caos del tráfico en Atenas.

Steve Jobs era un claro ejemplo de líder natural

Si las palmas abiertas, en general, indican franqueza y sinceridad, los *puños cerrados* indican lo opuesto. Las manos apretadas reflejan una lucha interior para suprimir emociones fuertes, como la ira o el miedo. Los puños cerrados pueden representar un aviso por parte de alguien que se prepara para una pelea y, a veces, pueden tener un efecto espejo y pueden favorecer que se desate un verdadero conflicto. Es interesante observar que, si a una persona evidentemente nerviosa que está apretando los puños conseguimos darle algo para mantener ocupadas las manos y obligarla a separarlas, su actitud se relajará y podremos reconducir la situación en nuestro favor.

Seguridad e inseguridad

Juntar y tocarse las yemas de los dedos formando un *campanario* es uno de los gestos clásicos del liderazgo. Es una muestra de gran seguridad y autoconfianza, significa dominio del argumento y del medio, tanto si estamos hablando como si estamos escuchando. Es típico durante las negociaciones que los ejecutivos lo utilicen para dar la impresión de

El gesto habitual de Angela Merkel de manos en campanario
se convirtió en el póster de campaña electoral

que su posición es incluso más fuerte de lo que es en realidad. Existen un *campanario bajo*, colocado a la altura del tórax, y un *campanario alto*, que, sobre todo si la persona está sentada, llega a cubrir la cara.

Al mismo tiempo, *frotarse las manos* es una clara señal no verbal de ansiedad, frustración, enfado, nerviosismo o inseguridad. Este gesto casi siempre se acompaña con una sudoración de las manos y de la frente. Delante de una amenaza las personas más inseguras apretarán las manos o se agarrarán a los brazos de la silla, a la esquina de una mesa o a sus propias muñecas.

Los brazos

Brazos y piernas completan la extensión en el espacio físico de nuestro cuerpo. El gesto más significativo es el de *cruzar los brazos sobre el pecho*. Según el contexto, puede ser una señal de defensa, de rigidez o de falta de disponibilidad a comunicar. En general, cuando creamos nudos y apretamos partes de nuestro cuerpo, nos estamos encerrando para protegernos. Para relajarnos tenemos que soltar todos los nudos y dejar fluir la energía. El gesto de los brazos cruzados es muy común durante reuniones, entrevistas o negociaciones, cuando alguien no está cómodo con lo que está sucediendo. Los brazos cruzados realizan eficazmente una función de protección, son como una armadura que nos protege de las flechas del adversario. Es importante reconocer este gesto inmediatamente, comprender lo que lo motiva e intentar neutralizarlo, bajando en nivel de estrés y ofreciendo una impresión de amabilidad y ausencia de peligro. Como siempre, hay que tener en cuenta el contexto, pues, por ejemplo, si hace frío, quizás los brazos cruzados no tienen ningún significado. Este es uno de los gestos más populares y peor interpretados en general.

Las piernas

Las piernas muestran lo mismo que lo brazos y los pies; son flechas que indican la dirección de nuestras intenciones. De hecho, normalmente, hacia el final de un encuentro social la gente comienza a posicionar sus cuerpos para buscar la salida y los pies delatan la verdadera intención de la persona. De forma inconsciente dirigimos los pies hacia la puerta, aunque mantengamos la cabeza y el tronco orientados en dirección a nuestro anfitrión, e incluso seguimos mirándolo a la cara, pero la dirección de los pies está comunicando nuestra verdadera intención: tenemos ganas de irnos. Detectar estos gestos nos resulta muy útil para entender la intención y reaccionar de forma que la persona se sienta cómoda al facilitarle la despedida.

Como en el caso de los brazos, también el *cruzarse de piernas* puede indicar cautela y protección. Si durante una negociación dos personas se cruzan de piernas, es probable que estén en total desacuerdo; están comunicando una actitud cerrada, defensiva.

Las piernas y los pies nos ofrecen también señales de nerviosismo y aburrimiento. De hecho, cuando alguien mueve el pie con un movimiento corto y rápido mientras mantiene las piernas cruzadas, lo que se denomina *happy feet*, suele indicar que está esperando a que suceda algo positivo. En una negociación puede querer decir que le conviene el acuerdo al que está llegando.

Los pies y las piernas separadas, las manos en las caderas y los codos hacia fuera son un signo de afirmación de seguridad. «Brazos en jarra y piernas abiertas» es una posición que tendemos a asumir cuando nos encontramos en una situación de ventaja o cuando no dudamos de nuestras capacidades frente al desafío que nos espera, ya sea una entrevista

de trabajo, una negociación o una reunión. El origen es ancestral, ya que se trata de una postura cómoda, ventajosa, que
se adopta para iniciar una pelea física.

Los pies entrelazados implican defensa, cierre, y se produce cuando estamos ansiosos o nos sentimos amenazados.

RECORDAR

1. Los gestos no se deben interpretar de forma aislada, ni tienen un único significado. Hay que «leer» grupos de gestos que tendrán un significado u otro en función de la persona que los realiza y de la situación.

2. Cuando una persona está receptiva, su lenguaje corporal es abierto y muestra múltiples señales de interacción: mueve las cejas, asiente con la cabeza, sonríe, mira a los ojos y abre los suyos mostrando interés.

3. Si la conversación fluye en armonía, observarás cómo su lenguaje corporal será cada vez más receptivo. Te lo mostrará sincronizando su lenguaje corporal con el tuyo, *mirroring* es la señal más clara e inequívoca de estar de acuerdo.

4. Una persona que se siente cómoda y segura con la situación tiende a ocupar el máximo espacio posible, más que el resto de personas, y mantiene los brazos y las piernas abiertos.

5. El síntoma fundamental de una mentira es que se producen cambios significativos en el lenguaje corporal de la persona, pero para reconocerlos es imprescindible conocer su lenguaje corporal basal.

6. El objetivo es diagnosticar rápidamente las principales características de la comunicación basal para poder identificar los cambios y el significado que pueden tener cuando se inicie la conversación.

7. Se deben valorar grupos de gestos asociados y considerarlos en un contexto.

8. Existen gestos habituales que conviene suprimir o cambiar para evitar que sean malinterpretados en una situación concreta.

9. Los gestos de las manos y el pensamiento están tan íntimamente coordinados que, bloqueando las manos, la capacidades expresivas verbales pueden verse perjudicadas, incluso la capacidad de razonamiento.

10. El apretón de manos puede vehicular submensajes de diferentes tipos.

11. Las palmas abiertas, en general, indican franqueza y sinceridad, mientras que los puños cerrados indican lo opuesto.

12. Las piernas muestran lo mismo que lo brazos y los pies; son flechas que indican la dirección de nuestras intenciones.

ANÁLISIS EN VÍDEO:
GESTOS DE DOMINIO Y PODER
ENTRE BUSH Y BLAIR

Este vídeo se grabó durante una visita oficial de George W. Bush a Tony Blair. La secuencia se produce en el momento de la llegada de Bush y su esposa. El matrimonio Blair los espera en la puerta para saludarlos y posar para la prensa; es una situación protocolaria, Blair está en su casa, en su territorio y le corresponde liderar, pero en el saludo inicial se observa cómo Bush toma el liderazgo de la situación a través de su comunicación no verbal y del dominio del espacio.

Para ver el vídeo, escanea el código QR, o bien ve a esta dirección: www.catalinapons.com

4. VOCES PARA ESCUCHAR

La voz es el gran instrumento humano y un 38% de la eficacia de lo que comunicamos depende de ella, sin embargo, es la gran olvidada, no la cuidamos, cuando en realidad una voz bien trabajada crea un clima de conversación envolvente, agradable, es como un instrumento musical y se puede aprender a utilizarlo. Los grandes comunicadores consiguen el timbre, la entonación, el volumen y la dicción adecuados para conectar con la audiencia. Las voces agudas se asocian a nerviosismo y son difíciles de escuchar, pero con ayuda profesional se puede llegar a cambiar el timbre y hacerlas más graves. Al oído humano le resulta más grato escuchar una voz grave.

Todos recordamos voces particularmente agradables o envolventes y seductoras, y también voces disonantes, desagradables. La voz, cuando está bien utilizada, contribuye a crear un clima conversacional apasionante. Un mensaje importante exige una entonación apropiada y la voz nos indica el tono de la conversación, transmitiendo mucha información más allá de las palabras.

La mayoría de nosotros hace un uso mínimo de su voz, ya que normalmente se cree que es más que suficiente para hacerse entender. En cambio, la voz se puede ejercitar y eventualmente corregir al igual que los otros sentidos para poder aprovechar todas sus potencialidades. Si un niño tiene dificultades en el habla o problemas de pronunciación, se debe intervenir y enseñarle dicción, de la misma manera que se intervendría para corregir defectos de la vista.

Durante mucho tiempo se ha creído que, al hablar, los humanos emitíamos sonidos de baja frecuencia de los que no somos conscientes. Estos sonidos se consideraban como un subproductos sin sentido del trabajo mecánico de nuestras cuerdas vocales.

Estábamos equivocados. Esos sonidos no solo son significativos, sino que determinan quién está al mando de un grupo. Ahora sabemos que la gama de frecuencias emitidas es más importante que el tono o el volumen, porque la audiencia responde a una emoción y una gama emocional más amplia es más poderosa que una más estrecha.

También sabemos que es posible aprender a aumentar la producción de estos influenciadores secretos, para convertirnos en los líderes de cualquier grupo.

El tono de la voz, clave del éxito

Cada sonido producido por un ser humano o un instrumento musical, un animal o una máquina tiene una huella sonora que se puede medir trazando sus frecuencias de respuesta en unidades de sonido llamadas «hercios». Podemos oír sonidos que van desde los veinte hercios en el extremo inferior, hasta los veinte mil hercios en el extremo superior. Cualquier sonido por debajo de los trescientos hercios nos suena como una nota grave, hasta a parecerse a los estruendos de los truenos.

Es importante entender que los sonidos producidos de forma más natural no son puras emisiones de una nota con una sola frecuencia. La calidad de un sonido está determinada por los subtonos y los sobretonos que el mismo sonido produce. De hecho, un sonido obtiene su calidad a partir del número de sus subtonos y sobretonos, así como de la intensidad de ellos.

Muy a grandes rasgos, nos gustan los sonidos ricos en sobretonos y (especialmente) en subtonos. Cuanto más fino y puro sea un sonido, más posibilidades tendremos de encontrarlo irritante. Existe una amplia variación individual en los tipos de sonidos que encontramos atractivos, pero, en general, una voz delicada y nasal nos resultará menos atractiva que una voz fuerte y resonante.

Pero es más: las personas que emiten el tipo correcto de sonidos (por debajo del nivel de conciencia auditiva humana) se convierten con más facilidad en los líderes de la mayoría de los grupos.

Entonces, ¿qué son estos sonidos de baja frecuencia que todos emitimos y de los que no somos conscientes? El sociólogo americano de la Universidad Estatal de Kent, el doctor Stanford Gregory,[1] decidió estudiarlos un poco más de cerca. Y lo que encontró fue extraordinario. Trabajando con su colega Stephen Webster, Gregory estudió varias entrevistas realizadas en el célebre programa televisivo del periodista Larry King. Su investigación se basaba en el trabajo de un exmiembro de la Resistencia francesa, Pierre deLontrey, que durante la Segunda Guerra Mundial utilizó una máquina llamada vocorder para analizar voces y que continuó trabajando en ello como profesor en la Universidad de Colorado.

La Resistencia francesa había utilizado el vocorder como un dispositivo de codificación. Inventado por los Bell Labs, la máquina filtraba ciertas frecuencias de la voz. Los codificadores tomaban las frecuencias entre 100 y 350 hercios en una grabación de voz humana y las filtraban. Luego, tomaban otra frecuencia en un registro más alto y lo mezclaban todo según un código. De este modo, cuando los alemanes o los japoneses captaban sus conversaciones vía radio, solo les sonaban como sonidos sin sentido. El código era extremadamente difícil de adivinar porque había que saber qué frecuencias se habían quitado y mezclado y volverlas a poner en el orden original.

Después de la guerra, DeLontrey utilizó el vocorder para analizar conversaciones. Cuando Gregory encontró a DeLontrey, el francés estaba experimentando con diversas formas de disección de la voz. El vocorder les permitió desmontar y reducir una conversación, o bien desmontar el habla humana en sus frecuencias constituyentes.

Con el uso de este dispositivo, Gregory y su colega Webster encontraron que en conversaciones y reuniones la gente se ajustaba rápidamente a los sonidos de baja frecuencia de cada uno. ¿Por qué? Porque para mantener una conversación productiva o una reunión tenemos que estar literalmente en la misma longitud de onda. Según Gregory: «Sin los sonidos de baja frecuencia, sería más difícil para dos personas completar una tarea. Nuestra investigación mostró que cuando la baja frecuencia se elimina de las interacciones entre personas, estas ya no son capaces de completar una tarea en la forma más oportuna o de una manera tan precisa, a pesar de que se puedan oír perfectamente». Gregory y Webster observaron que los seres humanos necesitan la frecuencia baja para poder añadir algunos aspectos emocionales muy importantes para sus comunicaciones.

Por eso, además, las conversaciones telefónicas son mucho menos satisfactorias que las conversaciones en persona. La falta de aportación del lenguaje corporal es importante, pero también lo es el hecho de que la tecnología del teléfono haga un mal trabajo de transmisión de las frecuencias más bajas, por lo que el resultado es que una voz por teléfono resulta emocionalmente insatisfactoria.

Pero el poder de la baja frecuencia de la voz llega aún más lejos. Cuando Stanford y su colega se fijaron en las entrevistas de Larry King, encontraron que las personas con menor estatus se acoplaban a los sonidos de baja frecuencia emitidos por las personas de mayor estatus presentes en la habitación. Intuitivamente, se podría esperar que todo el mundo llegue a un punto intermedio hacia el centro, sin embargo, no era ese el caso. Cuando Larry King estaba entrevistando a alguien de muy alto rango, él igualaba los tonos del individuo de alto estatus. Cuando el entrevistado era de baja condición, era este quien cambiaba su entonación para coincidir con las frecuencias de Larry King.

En conclusión, no solo queremos estar en la misma longitud de onda, sino que también queremos saber quién está al mando. Así que el proceso de selección de un líder tiene más que ver con tener el tipo correcto de voz que con tener las ideas correctas o el físico adecuado.

Gregory confirmó esta tesis con el análisis de los debates presidenciales de Estados Unidos a partir de 1960. El tono de voz de las grabaciones de los presidentes estadounidenses se manipuló para no ser reconocido y se pidió a los participantes atribuir rasgos de personalidad a las voces y, finalmente, elegir la voz para que preferirían votar. El tono de voz influencia la percepción que los votantes tienen de los políticos, y las personas con tonos de voz más bajos son reconocidas como más dominantes y atractivas. Los resultados sugirieron claramente que el tono de voz de los candidatos tiene una importante influencia en el comportamiento electoral y que los hombres o mujeres con voces de tono más grave pueden tener una ventaja competitiva en las elecciones políticas.

La voz alcanza a nivel emocional y, por lo tanto, es un activo clave para cualquier profesional que dependa de generar confianza, ya que la mayoría de los subprocesos de compras (y la decisión electoral sigue una dinámica muy parecida a la de la compra) son decididos emocionalmente y, en todo caso, solamente después justificados también en términos racionales. Y es que la voz tiene un poder casi hipnótico y puede influir en las decisiones de las personas mucho más de lo que podemos imaginar.

Por lo tanto, los que quieran sobresalir en su carrera profesional tienen que hacer algo que, en la actualidad, el 95% de los profesionales no hace. Es decir, aprender deliberadamente a utilizar con más eficacia su voz y a modular las diversas inflexiones vocales.

La mayoría de los logoterapeutas está de acuerdo en que solo el 5% de las personas en nuestra sociedad tiene una voz naturalmente agradable. Sin embargo, todos los demás pueden ser educados. Durante las llamadas de trabajo, el lenguaje corporal es reemplazado por el tono de voz, que representa un buen 87% de la comunicación y de los mensajes que queremos transmitir, mientras que las palabras en sí mismas tienen un efecto equivalente a solo el 13% de la eficacia total. Por lo tanto, el tono de voz puede influir mucho en los resultados finales, y desarrollando el dominio del ritmo, de las pausas y de la potencia, los profesionales pueden ser más decisivos y eficaces. Los directivos que pasan cada vez más tiempo trabajando a distancia deben aprender a comunicarse sin interacción cara a cara y a dominar el lenguaje corporal. Así que el estudio de la voz se está demostrado imprescindible para la forma en que las empresas más exitosas manejan el negocio.

Recientemente, profesores de la Escuela Fuqua de Negocios de la Universidad de Duke y de la Escuela Rady de Gestión de San Diego, de la Universidad de California,[2] han estudiado los tonos vocales de 792 ejecutivos masculinos de empresas que cotizan en bolsa. El objetivo de la investigación era averiguar si las voces con tono grave y profundo estaban correlacionadas con el éxito, ya que un estudio anterior había demostrado que una voz a lo estilo Barry White suele ser preferible cuando se trata de seleccionar una pareja o un amigo. Los investigadores dieron seguimiento a las «frecuencias vocales fundamentales» de los directivos, durante presentaciones a los inversores y otras ocasiones públicas, y las pusieron en relación con unos parámetros de éxito, como el sueldo o el tamaño de la organización.

El resultado dibujó el promedio de un directivo que, con una frecuencia vocal de 125,5 Hz, gana 3,7 millones de dólares, dirige una compañía que factura 2.400 millones y tiene 56 años de edad. Para entenderlo, la voz del actor James Earl Jones (el doblador de Darth Vader en la *Guerra de las Galaxias*) está cerca de los 85 Hz y la del también actor y doblador Gilbert Gottfried (doblador de dibujos animados) supera los 200 Hz.

Los investigadores encontraron que los ejecutivos con las voces cuyo tono se encontraba en el extremo más profundo (es decir, las frecuencia más bajas) ganaban, en promedio, unos 187.000 dólares más y trabajaban para empresas con 440 millones más de activos.

Esta ventaja competitiva resultó cierta incluso cuando se consideraron la experiencia profesional, la educación, los rasgos faciales dominantes y otras variables que habrían podido influir sobre las decisiones de los reclutadores y los comités de empresa.

Evidentemente, una voz profunda y agradable de por sí no garantiza necesariamente un empleo en una empresa líder y los investigadores se han preocupado de aclarar que el estudio se limita a poner en evidencia la correlación entre los dos factores y no su causalidad.

Los investigadores también habrían querido evaluar las voces de las mujeres ejecutivas, pero desafortunadamente aún no se encuentran en número suficiente para realizar un estudio estadísticamente significativo. En el último recuento, solo había 21 directoras ejecutivas en el listado de Fortune

500. Sin embargo, casos de trabajo realizado para mejorar la calidad de la voz demuestran la veracidad de la correlación entre un tono de voz agradable (con frecuencias bajas) y el éxito profesional.

Características de la voz

Las características de la voz, el paralenguaje, son fundamentales para transmitir el mensaje. La voz puede enfatizar el significado del mensaje, complementarlo e incluso contradecirlo. El paralenguaje es el componente vocal de un discurso, una vez que hayamos eliminado su contenido. No es importante solo lo que se dice, sino también cómo se dice. Emitir una afirmación que pretenda ser definitiva, transmitir seguridad y convencer a nuestra audiencia no es posible si acompañamos nuestras palabras con una voz débil y temblorosa, y una consecuente difícil comprensión por parte de la audiencia. Al igual que el lenguaje corporal, la voz aporta otro nivel de significación, de modo que entre lo que decimos y cómo lo decimos tiene que haber coherencia.

Dentro del paralenguaje se encuentran el volumen de la voz, el registro, la entonación, el ritmo, las pausas, las interferencias vocálicas. En otras palabras, es un tipo de comunicación no verbal que ayuda enormemente a la comunicación verbal.

Registro

Inconscientemente, todos modificamos el uso de nuestra voz según el entorno que nos rodea. Pero no solo eso, ya que, dependiendo del instrumento que difunde la voz, sin querer utilizamos tonos y volumen diferentes. Así que, por ejemplo, hablar con la amplificación de un micrófono es distinto que hablar sin él, o hacerlo en un lugar con buena acústica natural como un teatro. Controlar la voz de una manera profesional es el resultado de una larga práctica y la oportunidad de volver a escuchar nuestras grabaciones para corregir los defectos es una necesidad a la que no se puede renunciar. Nadie nace ya sabiendo tocar el piano o escribir poesía. Del mismo modo, nadie nace *maestro* en el uso de su voz. Pueden haber un talento y dotes naturales, que, sin embargo, deben ser educadas y ejercitadas.

Las voces demasiado agudas se asocian a gritos, a nerviosismo, no son amigables para el oído humano. Un registro muy agudo puede ser un problema para un discurso público y requiere un entrenamiento específico con un logopeda.

Margaret Thatcher consiguió con entrenamiento cambiar
el timbre agudo de su voz

Mientras que las voces graves son más agradables, los tonos agudos comunican nerviosismo, una voz chillona es más difícil de escuchar, puede llegar a recordar la entonación infantil, o asociarse a histeria. No proporciona una imagen de seguridad y firmeza.[3]

La ex primera ministra británica, Margaret Thatcher, tenía un tono de voz muy agudo, así que en los inicios de su carrera política decidió trabajar con un instructor logopeda, y gracias a un entrenamiento específico, consiguió bajar dos tonos, fortaleciendo mucho la potencialidad de su discurso público. Es un caso histórico que demuestra lo rentable que puede ser invertir en mejorar la voz. Lo puedes comprobar en el vídeo de un documental del *History Channel* (https:// www.youtube.com/watch?v=6F85Zqww-ak).

Volumen

Todo el mundo, toda la audiencia, tiene que poder oír bien. De hecho, es muy incómodo para la persona que está escuchando tener que esforzarse para descifrar los sonidos del hablante. Es algo que dificulta la comunicación en su esencia e incluso puede causar desconfianza, porque parece que quien está hablando trate de esconder sus propias palabras. De modo que, tanto en público como en privado, hay que asegurarse de que nuestra audiencia puede oírnos bien, alto y claro.

Si estamos atentos, con una actitud de escucha activa, nos daremos cuenta enseguida de los gestos, expresiones de lenguaje corporal, que nos indican que lo que estamos diciendo no llega al oyente de forma correcta.

El volumen también se entrena. Hay que ensayar y comprobar si podemos hablar suficientemente alto y claro para toda la audiencia, o si, en cambio, vamos a necesitar un micrófono. Para proyectar la voz sin gritar y correr el riesgo de entrar en los tonos agudos, hay que ensayar, inspirar profundamente y controlar el diafragma.

El volumen se puede entrenar aprendiendo a proyectar la voz, utilizando el diafragma. De hecho, respirando correctamente la mayoría de las personas pueden hablar más alto de lo habitual sin entrar en tonos agudos.

Velocidad

La primera norma para ser buenos conversadores es la de no monopolizar la conversación. Para ello es fundamental conocer los gestos de interrupción y dejar hablar a quien hasta ese momento nos estaba escuchando. Si nuestro interlocutor abre la boca, coge aire como para tomar carrerilla o levanta la mano como para pedir permiso, debemos interrumpirnos y dejar que hable. Respetar los turnos de palabra es la base del buen funcionamiento de una conversación. De hecho, a no ser que la interrupción sea destructiva, la aportación del que escucha suele indicar que está atendiendo al mensaje, o que desea comunicarte la necesidad de aclarar o mejorar algunos detalles de tu exposición para poder seguir con la conversación.

Cuando estamos escuchando, podemos entender entre 500 y 600 palabras por minuto. Sin embargo, al hablar no podemos pronunciar más que entre 130 y 150 palabras por minuto en una conversación normal. De esta manera el oyente tiene un 75% del tiempo para evaluar, aceptar o rechazar lo que se está diciendo. De todas formas, en general, la velocidad adecuada es aquella con la que detectamos que todo el mundo nos puede seguir. Sobre todo cuando se habla en público, la tendencia, debida a los nervios, es la de hablar deprisa, un defecto que hay que procurar evitar.

Sin embargo, en el discurso público, es posible que en algunos momentos de la presentación sea necesario hablar más rápido para enfatizar un concepto. Esto no supone un problema, siempre y cuando vocalicemos correctamente y entonemos de forma que se marque claramente lo que queremos resaltar.

Para mejorar nuestras capacidades de expresión y facilitar la comprensión del oyente, debemos ejercitar el uso correcto de las pausas, evitando palabras de relleno e interferencias. Por ejemplo, un buen ejercicio para controlar la velocidad es el de leer en voz alta un texto durante tres minutos, contar cuantas palabras hemos pronunciado, ajustar la cantidad al tiempo del que disponemos y repetir el proceso hasta lograr la velocidad adecuada.

Calidad

La voz se puede controlar perfectamente siempre que no nos sintamos presas del pánico, y es que cuando el pánico nos atrapa, todo lo que hemos aprendido respecto a la dicción puede perderse en un momento. En ese instante nuestra voz vuelve a su versión natural, se compone de los sonidos que escuchamos de niños, de las primeras palabras que aprendimos. Vuelven a salir todos los acentos y defectos de pronunciación.

El intento evidente de domar una voz rebelde es una de las señales de nerviosismo más eficaces y, en esto, el sonido es un indicador muy fiable y discernible. Cuando una persona se aclara la garganta justo antes de comenzar, o carraspea mientras está hablando, está manifestando claros síntomas de tensión y ansiedad. Es algo muy típico de las personas que se disponen a dar un discurso ante un gran auditorio. De hecho, la ansiedad puede causar una sensación de opresión en la garganta, debida a la formación de mucosidades en exceso. Sin miedo, hay que respirar hondo, aclararse la garganta, beber un vaso de agua y pronunciar la primeras palabras del discurso con el tono que se desea mantener. Lo demás fluirá.

Es aconsejable evitar pronunciar discursos importantes cuando sufrimos unas condiciones de salud que nos causen problemas de voz. Sin embargo, la correcta utilización del diafragma puede llegar a sacar voz donde no la hay. Además, si nuestra actitud corporal es sincera y relajada, la audiencia entenderá nuestro problema e incluso puede llegar a empatizar más con nosotros por el esfuerzo que estamos haciendo.

Cualquier otro tipo de trastorno que tenga una naturaleza crónica (voz nasal, ronca, chillona) es mejor que sea tratado por un logopeda. Con entrenamiento, cualquiera puede conseguir una voz eficaz y de buena calidad.

POTENCIAR LA VOZ

Llegados a este punto, ¿qué puedes hacer si no tienes voz de líder y te interesa incrementar tu capacidad de ser escuchado? En mi experiencia profesional he visto mejoras espectaculares con tres meses de entrenamiento, personas que han conseguido desarrollar voz de líder y han incrementado enormemente su capacidad de influir en reuniones, negociaciones o presentaciones. En este caso, una parte del entrenamiento es físico, se trata de trabajar la respiración y hay que tener en cuenta algunos datos:

- La laringe es un músculo e igual que todos los múscu-los necesita un calentamiento, ejercicios de estiramien-to y descanso después del esfuerzo.

- Los músculos implicados (de la laringe a los del siste-ma respiratorio) están vinculados a la estructura ósea, por tanto la postura (posición del cuello, la barbilla, los hombros, el tórax, la pelvis) condiciona la emisión.

- La inspiración debe ser profunda y relajada para permi-tir que el cuerpo se abra y se llene sin tensión; cada rigi-dez y tensión puede afectar a la emisión.

- En la espiración los abdominales son activos y se reco-mienda una cierta tonicidad de los mismos para una me-jor fonación.

- La intensidad del sonido no depende solo de la cantidad de aire inspirado, sino también de ser capaces de utilizar los resonadores naturales de nuestro cuerpo (tórax, crá-neo, que actúan como amplificadores naturales).

Respiración para proyectar la voz

En calidad de músculo inspiratorio, el diafragma empuja ha-cia abajo el complejo pulmonar, favoreciendo la entrada de aire.[4] De la misma manera, a través del diafragma podemos aumentar la presión sobre los pulmones, que empujan el aire hacia el interior de la laringe, nuestro tubo de órgano, con una mayor presión. Si la modulamos con habilidad, esa ma-yor presión se traduce en un sonido de voz más denso, más pastoso, la que muchos llaman «voz de radio».

Para empezar, es muy importante averiguar si ya usamos o no el diafragma, y para hacer esto tienes que cerrar los ojos, poner la mano derecha sobre el esternón y la izquierda por encima del ombligo (o viceversa), respirar normalmente y poner atención en los movimientos de las manos.

Si respiras correctamente, verás que la mano que más se mueve es la que está puesta encima del ombligo; si respiras mal (es decir, empleando poco o nada el diafragma), será la mano sobre el esternón la que se mueva más.

Este es el primer ejercicio para tomar conciencia de nuestro modo de respirar. Respirar sin el diafragma, en el llamado «modo alto», causa un proceso de mala oxigenación en el organismo que obliga a respirar más (demasiado), provocando diversas reacciones y un fenómeno bien conocido: la hiperventilación.

Para aprender a usar el diafragma, puedes poner las manos en la misma posición de la prueba anterior y comenzar a respirar tratando de dirigir más aire hacia abajo, para que la mano puesta por encima del ombligo suba antes que la que se encuentra sobre el esternón. Despacio, respirando profundamente, intentando no forzar más la inspiración.

Este ejercicio mueve nuestro diafragma, lo entrena y lo refuerza. Es muy importante inspirar y exhalar con la boca cerrada.

Otro ejercicio sencillo y eficaz, que se puede hacer sentados o en posición supina en cualquier momento del día (pero no después de las comidas), consiste en inspirar, aguantando el aire como en apnea, mover el abdomen de arriba abajo, provocando saltitos frecuentes y rápidos de la mano puesta encima del ombligo para fortificar con un movimiento consciente el músculo afectado, que es el diafragma.

Entonación

Después del tono de voz, tener la entonación adecuada en cada momento es lo más importante.

En general, para conseguir la entonación adecuada, inicias la frase con tu tono habitual, lo subes un poco en el momento del mensaje clave para enfatizar y transmitir entusiasmo y vuelves a bajarlo hacia el final para terminar proyectando tu dominio del tema, tu competencia. Muchos profesionales tienden a terminar las frases como si fuesen una pregunta, en las mujeres se observa con más frecuencia. Hay que evitarlo, ya que comunica inseguridad y disminuye la confianza, la credibilidad. Se corrige con ejercicios; por ejemplo, se puede leer un texto varias veces con diferentes entonaciones, grabarlo y escucharlo hasta conseguir variaciones que realmente enfaticen los mensajes clave y eviten los timbres agudos. Además, puedes aprovechar para controlar la velocidad con la que estás hablando, si superas las 130-140 palabras por minuto, es que estás hablando demasiado rápido, es más difícil que te escuchen. Un ritmo de habla normal prevé 125 palabras por minuto, más allá es probable que se convierta en un ruido incomprensible. Por el contrario, si hablas más lentamente, puedes aburrir.

Otro ejercicio es leer cuentos infantiles con personajes, grabarte y escucharte. El objetivo es que seas consciente de toda la capacidad y registros que tiene tu voz.

Interferencias

Muchas personas durante la pronunciación de un discurso no toleran las pausas, los silencios, y se ven atrapadas por una especie de *horror vacui*, terror al vacío, que les obliga a rellenar de sonido todos los espacios.

De ese modo, las frases del discurso estarán cargadas de palabras/sonidos como: «bueno», «hum», «vale», «ejem», «eh», etc. Todas estas «interferencias» distraen al oyente y pueden romper el flujo de la comunicación.

No se debe tener miedo a un momento de silencio, y no se debe intentar rellenarlo sin sentido. Las pausas forman parte de la conversación y contribuyen a hacer que el discurso decante y se deposite en la mente de quien está escuchando. Las pausas son un elemento de claridad.

Sin embargo, la tendencia a crear interferencias o a manifestar tics puede ser una predisposición natural, que aumenta en situación de estrés particular. Se trata de defectos comunicativos difíciles de eliminar por completo, pero se pueden reducir si somos conscientes de ellos. En los entrenamientos, utilizo una técnica conductista con muy buenos resultados. El objetivo es ser consciente cada vez que vocalizas una interferencia, es un proceso de tres o cuatro semanas. La primera semana simplemente anotas cada vez que lo haces. Es importante para que funcione, que realmente lo apuntes y al final del día cuentes el número total. Te sorprenderá darte cuenta de que lo haces con mucha más frecuencia de lo que pensabas. La segunda semana, te colocas un *sticker* rojo en la muñeca y cada vez que haces una interferencia lo miras. Es un refuerzo negativo, tu cerebro va tomando consciencia de que es algo que debes evitar. La tercera semana te pones un *smile* en la otra muñeca y cada vez que vas a vocalizar la interferencia pero logras frenarte con una pausa miras el *smile*, ya has empezado a corregir el problema.

Hablar con claridad es imprescindible para una comunicación eficaz. Para lograrlo hay que entrenarse constantemente. Si tenemos alguna palabra concreta que nos crea problemas, que casi siempre pronunciamos mal, será mejor buscar un sinónimo, intentando eliminarla. Si las palabras conflictivas son más de una y son seguidas, se deberá separarlas para pronunciarlas claramente.

Hay que vocalizar, hablar claro, no podemos comernos ninguna letra. Sobre todo, debemos tener cuidado de no generar confusión. Todos los conceptos más complicados o potencialmente críticos deben ser vocalizados perfectamente, con el ritmo adecuado.

Tenemos que identificar este tipo de problema y ser conscientes de él en nuestras conversaciones normales, con personas cercanas, y finalmente enfrentarnos a un público amplio y externo, seguros y convencidos de nuestro autocontrol, con confianza, donde ya será más fácil evitarlo. Tener consciencia de ello y darse cuenta cada vez que se «cede» a una interferencia es el primer paso para conseguir evitar esta costumbre. Finalmente lograremos nuestro objetivo.

RECORDAR

- Un 38% de la eficacia de lo que comunicamos depende de la voz.

- Las voces agudas se asocian a nerviosismo y son difíciles de escuchar, pero con ayuda profesional se puede llegar a cambiar el timbre y hacerlas más graves, al oído humano le resulta más grato escuchar una voz grave.

- Las personas que emiten el tipo correcto de sonidos (por debajo del nivel de consciencia auditiva humana) se convierten con más facilidad en los líderes de la mayoría de los grupos.

- Los seres humanos necesitan la frecuencia baja para poder incorporar algunos aspectos emocionales muy importantes para la comunicación.

- El tono de voz influye en la percepción que los votantes tienen de los políticos, y las personas con tonos de voz más bajos son reconocidas como más dominantes y atractivas.

- El tono de voz puede influir mucho en los resultados finales de nuestros proyectos; desarrollando el dominio del ritmo, de las pausas y de la potencia, los profesionales pueden ser más decisivos y eficaces.

- Al igual que el lenguaje corporal, la voz aporta otro nivel de significación, de modo que entre lo que decimos y cómo lo decimos tiene que haber coherencia. Dentro del paralenguaje se encuentran el volumen de la voz, el registro, la entonación, el ritmo, las pausas y las interferencias vocálicas.

- Con entrenamiento se puede desarrollar una voz de líder, y con ello podemos incrementar enormemente nuestra capacidad de influir en reuniones, negociaciones o presentaciones.

5. VER CUÁNDO TE MIENTEN

A menudo las personas asocian el estudio del lenguaje corporal con una herramienta para desenmascarar el comportamiento de las personas que mienten. Muchos libros, incluso los escritos por expertos, afirman y prometen enseñar y revelar los secretos del lenguaje corporal, con el fin de captar con una sola mirada el movimiento de los ojos o de las manos que confirme con absoluta precisión cuándo la persona que tenemos delante está mintiendo. Por desgracia, esto no funciona así.

Si fuese verdad, cualquiera podría descubrir las infidelidades de su pareja o sabría que su hijo, en lugar de ir a la escuela, por la mañana se va al cine con los amigos, simplemente con leer un libro. Por supuesto, este tipo de mentiras puede hacer más o menos daño, pero, en caso de ser descubiertas, no crean problemas graves y permanentes.

Pero ¿qué pasa cuando una persona inocente es condenada a cadena perpetua? ¿O si un terrorista logra infiltrarse en una agencia del gobierno? Estas, sin duda, son situaciones en las que es necesario saber si una persona está mintiendo o diciendo la verdad. El problema, por desgracia, es que no hay ningún dispositivo tecnológico o disciplina que indique con certeza cuándo una persona está mintiendo. Esto se debe a que no todas las personas mienten del mismo modo.

No es raro ver las mismas reacciones en una persona que dice la verdad y en una que miente o, incluso, apreciar en una persona sincera las acciones que un manual atribuiría a un mentiroso.

En consecuencia, es el enfoque lo que se debe cambiar. No debemos preguntarnos si una persona está mintiendo y asociar movimiento = mentira y ausencia de movimiento = verdad, sino que hay que preguntarse por qué al responder a una determinada pregunta hubo una reacción específica.[1]

Aclarado este aspecto fundamental, debemos considerar que en situaciones de negociación, presentación en público, visita de venta, reunión de equipo importante, o en cualquier otra circunstancia en la que te interese comunicar autenticidad, es importante evitar algunos gestos y expresiones que se pueden interpretar como engaño. No olvides nunca que todos somos expertos inconscientes en lenguaje corporal y una actitud incoherente puede provocar en tu interlocutor la impresión de que no estás siendo sincero o puede hacerle dudar de tu autenticidad simplemente porque ha asociado un gesto a un significado erróneo. Es algo que un profesional debe tener muy en cuenta. Aprender lenguaje corporal es fundamental, ante todo, para dominar el propio, y la confianza o desconfianza que puede causar son claves para determinar el éxito o el fracaso de una negociación, una presentación o, en general, de la carrera de un líder.

Detectar la mentira

¿Qué hace un niño instintivamente cuando escucha una mentira, una grosería o algún vocablo impropio? Su reacción natural es la de taparse con ambas manos la boca, queriendo decir con este gesto «¡No puedo creer lo que estás diciendo!». Creciendo, esta manifestación se hace casi imperceptible y puede derivar en un simple toque de las comisuras de los labios o de la punta de la nariz.

Las expresiones de emotividad, los movimientos exage-

rados de las manos, los ojos desmesuradamente abiertos...
Todos son rasgos infantiles inconfundibles que llegan sin es-
calas a la adultez, de forma cada vez más sutil, para llamar
cada vez menos la atención.

Los niños cuando mienten tienden a taparse la boca

«Un momento −dirás−, en ese caso el niño se tapa la boca
porque escucha una mentira, no porque la dice.» Recuerda
por un instante que las neuronas en espejo nos hacen sentir las emociones de quien estamos observando, tu cerebro
las imita. Si, por ejemplo, vemos a una persona mordisquear
un limón, no podemos evitar sentir su gusto ácido en nuestra
propia boca, que hasta podría salivar. De la misma manera,
intercambiamos el gesto de las manos que se llevan a la boca
cuando otra persona miente.

De todos los *micropicores* definidos por Phillippe Turchet en el libro *El lenguaje de la seducción*,[2] el de las comisuras de los labios y el de la punta de la nariz están íntimamente relacionados con el mentir. El motivo biológico es que, cuando una persona miente, el estrés le produce un incremento de la circulación sanguínea en esas zonas y produce una sensación de escozor.

Investigadores de la Universidad de Búfalo, la Universidad Estatal de Nueva York (UB), guiados por el profesor Mark Frank,[3] afirman que su novedoso *software* de vídeo-análisis puede analizar el movimiento de los párpados para identificar si un sujeto está mintiendo con un porcentaje de éxito del 82,5%. Los investigadores creen que han sentado las bases para determinar si las nuevas tecnologías pueden ayudar a los policías en su búsqueda de la verdad. El *software* compara el movimiento basal del ojo de cada sujeto con los cambios observados durante las preguntas. Si el ordenador detecta una gran desviación, los investigadores señalan a esa persona como un mentiroso potencial.

La obra de Paul Ekman, de la que ya hemos hablado en los capítulos anteriores, sirvió de inspiración para el estudio. La especialidad de Ekman es el estudio de las emociones y su relación con las expresiones faciales. Otros investigadores consideran que su investigación mantiene un exceso de confianza en la cara, como si fuera la única fuente de donde sacar información. Lo que es seguro es que hasta ahora, sin recursos tecnológicos, incluso los detectives más experimentados en promedio solo logran alrededor de una tasa de éxito del 65% en detección de mentiras durante los interrogatorios, según datos del mismo FBI.

En trabajos futuros, los investigadores de Búfalo planean tomar una visión más holística de las señales de comportamiento producidas por el cuerpo. Algoritmos más rápidos también permitirían al *software* detectar las desviaciones del comportamiento basal en tiempo casi real.

EL LENGUAJE CORPORAL DEL ENGAÑO

A pesar de la opinión popular, la gente miente menos de lo que se piensa. Ojo, la mentira banal es muy frecuente, cada día se miente. «No he visto el correo electrónico», «Qué pena, no puedo asistir al evento, tengo un compromiso...». Pero otra cosa son las mentiras con consecuencias.

En la sociedad actual, siempre estamos bajo presión por los ritmos y las responsabilidades impuestas durante la vida diaria, y la mentira es una actividad que implica una gran cantidad de estrés. Es el estrés que proviene del sentido de culpa que los mentirosos pueden probar, o del simple temor de ser descubiertos. Además, dado que una mentira nunca viene sola, siempre hay que añadir otras nuevas para no derribar el castillo, y esto representa un aumento innecesario y, a menudo, indeseado del estrés diario.

Sin embargo, de vez en cuando, las personas mienten. Hay muchas razones para ello, por ejemplo, evitar un castigo o ahorrar un disgusto a alguien, o también para sacar un beneficio o evitar una discusión.

¿Cómo podemos detectar si una persona es sincera o está mintiendo?

El primer elemento que debemos considerar es el cambio de comportamiento. Cuando una persona miente, los niveles de estrés aumentan, por lo que la actitud se ve afectada. Observar todo lo que se aparta del lenguaje corporal basal de una persona es la primera herramienta para detectar un nivel de estrés o malestar en aumento. Ese cambio de lenguaje corporal, si no indica necesariamente una mentira, sí señala que algo en la persona ha cambiado. Un factor que debe tenerse muy en cuenta es el hecho de que el aumento del estrés significa que la mentira debe tener alguna importancia para aquel que la pronuncia. Y esta es la primera dificultad con la que nos encontramos.

¿Qué clase de estrés puede causar a una persona decir que le gusta el coche que un amigo se acaba de comprar, incluso si no es verdad? Probablemente ninguno y con la misma probabilidad, el «mentiroso» no enviará ninguna señal que revele su mentira. Sin embargo, si una persona acaba de cometer un asesinato y trata de librarse de la acusación, sus niveles de estrés serán diferentes frente a la pregunta «¿Usted disparó a la víctima?»

Por lo tanto, es importante preguntarse qué es lo que tiene que perder o ganar esta persona para llegar a mentir. Cuanto mayor es la pérdida causada por ser descubiertos mintiendo, mayor es la probabilidad de que el nivel de estrés sea alto y deje filtrar información que contradice la mentira.

Cuanto más conocemos a una persona, mejor podemos identificar las reacciones que se desvían del comportamiento normal. De hecho, si no conocemos a la persona, lo primero que se debería hacer es determinar cuál es su lenguaje corporal basal, para reconocer cuándo este estado sufre un cambio. Considerar universal una reacción al estrés es incorrecto y engañoso. Dos personas pueden tener la misma reacción a la misma pregunta, pero, si para una puede ser parte del comportamiento habitual y, por lo tanto, se puede considerar sincera, para la otra puede ser una desviación de la norma e indicar una mentira.

En el capítulo 3 hemos repasado el método para aprender a identificar el lenguaje corporal basal.

Ahora ilustraremos algunos de los comportamientos que se atribuyen a una persona cuando miente, si estos se desvían del hábito normal.

Contacto visual

«Dímelo, mirándome a los ojos.» ¿Cuántas veces hemos oído esa frase? Sin embargo, el contacto ojos-con-ojos como señal inequívoca de mentira es un mito que hay que disipar. Normalmente, se cree que cuando una persona es sincera no tiene ningún problema en mirar a los demás a los ojos, mientras que una persona que miente tiende a huir con la mirada, deteniendo por completo el contacto visual. Por supuesto que no es así, de hecho, es más probable lo contrario, es decir que, cuando una persona está mintiendo, acabe mirando a su «víctima» a los ojos más de lo normal.

Por lo general, durante una conversación se mantiene el contacto visual durante los dos tercios de su duración. Este promedio, sin embargo, puede disminuir debido a varios factores: por ejemplo, la falta de interés en la conversación o hacia la persona con la que se está hablando, o también por el hecho de ser introvertidos. De hecho, una persona introvertida tiende a mirar menos a los ojos de la gente con la que se comunica, respecto a una persona extrovertida, pero no por esto será una persona más mentirosa.

Una persona que miente en muchos casos tiende a aumentar el contacto visual con la víctima por dos razones. En primer lugar, todo el mundo sabe o tiene la sensación de que no mantener el contacto visual es una señal de inseguridad que a menudo se asocia con la mentira, por lo tanto, quien miente tratará de simular sinceridad y seguridad, aguantando la mirada, incluso más de lo normal. En segundo lugar, cuando una persona miente quiere observar el comportamiento de la «víctima», para vigilar sus reacciones, tratando de averiguar si está «vendiendo» bien su mentira, o si le hace falta un mayor esfuerzo para hacerlo.

Así que es un error suponer que una persona está mintiendo, confiando únicamente en el contacto visual, como si fuera una señal universal. Es más eficaz considerar cómo el contacto visual varía respecto a lo habitual de cada persona. Por ejemplo, si alguien de repente aumenta o disminuye el contacto visual de manera clara, significa que una forma de estrés ha sustituido el estado precedente de relajación y que algo ha causado este cambio. Se puede, entonces, decidir si profundizar en el análisis de la causa que ha generado el estrés, o retomar la discusión en un momento posterior para ver si vuelve a producirse la misma reacción.

Parpadeo

En un minuto una persona parpadea en promedio 8-10 veces, por lo que hacerlo a una mayor frecuencia puede deberse a un aumento del estrés. A menudo, las personas que mienten aumentan la frecuencia del pestañeo, una reacción generada por el inconsciente para crear un bloqueo desde el interior. El inconsciente sabe que lo que sale de la boca no es la verdad, así que trata de bloquearlo cerrando los ojos. Esto, como hemos repetido muchas veces a lo largo de este libro, no significa que un incremento del pestañeo deba ser inmediatamente asociado con una mentira, sino, más bien, con una forma de estrés o con un aumento de la ansiedad.

En muchos casos, además, se observa el fenómeno opuesto, es decir, cuando una persona miente, reduce casi a cero el pestañeo. Esto es debido a que el esfuerzo cognitivo que supone contar con precisión el fruto de una invención, que se ha ensayado varias veces, es tan alto que acaba reduciendo cualquier movimiento del cuerpo, incluyendo el parpadeo. Además, en el intento de aparecer lo más sincero posible, es frecuente que se abran los ojos al máximo para otorgar más énfasis a lo que estamos diciendo. En este caso, los ojos ya no actúan como un bloque, sino que, gracias al esfuerzo cognitivo que reduce drásticamente el parpadeo, pueden reunir más información sobre las reacciones de los oyentes. Así que es más probable que, cuando una persona miente, el parpadeo aumente si la mentira se ha inventado en el momento, mientras que se reducirá si la mentira se ha preparado y estudiado previamente.

Una vez más, será la diferencia en la frecuencia habitual del parpadeo de una persona la que nos indique un posible incremento del estrés o de la ansiedad.

Bloquear la salida

Llevar la mano a la boca después de responder a una pregunta puede significar el intento inconsciente de bloquear la salida de lo que se acaba de decir. Racionalmente se decide mentir, pero el inconsciente intenta bloquear la mentira. Utilizar este gesto para afirmar que alguien está mintiendo puede ser apresurado, pero, sin duda, una mano tapando la cara revela que un sentimiento negativo está creciendo. También una persona que se encuentra en desacuerdo, que no comparte lo que oye o que piensa que le están mintiendo tiende a mover la mano a la boca mientras escucha.

Poner la mano sobre los ojos es otra manera de bloquear la información, por ejemplo, cuando se recibe una mala noticia. En este caso se bloquea la entrada. La misma reacción se produce con el cierre de los párpados: se está rechazando lo que se ha oído. Cuando escuchan un discurso aburrido, las personas tienden a cerrar los ojos, a pesar de no tener sueño, pero a sabiendas de que este comportamiento no pasará desapercibido, intentarán reemplazarlo con parpadeos particularmente lentos, que permiten mantener los ojos cerrados sin que se note.

El movimiento de las manos y de los brazos

Cuando las personas conversan, gesticulan con los brazos y con las manos de forma natural. Cómo y cuánto se gesticula varía de persona a persona.

Cuando alguien miente (independientemente de su lenguaje corporal basal), tiende a disminuir casi a cero los movimientos de manos y brazos. Esto se debe a que, para no ser descubierta, la persona que miente tiene que ofrecer la menor información posible, y cuanto más son los gestos que se producen, mayor es la información divulgada y la probabilidad de ser descubiertos. Proporcionar énfasis a las palabras que acompañan a una mentira sería contraproducente y es difícil ayudarse con los gestos para describir una situación que sabemos que no es real. Además, cuando se miente, el cuerpo tiene la tendencia a retirarse en señal de defensa y seguridad y, a menudo, necesita gestos de autoconfortación para aliviar el estrés; por lo tanto, las manos estarán ocupadas en masajear o acariciar el cuello, las piernas o los brazos.

Finalmente, una persona acusada de mentir podría tener una reacción inesperada. Podría enfadarse más de lo esperado para enfatizar su decepción y para disipar las acusaciones, en este caso la gestualidad es probable que aumente. Pero, ojo, que ser acusados injustamente también puede causar un enfado violento.

Así que también en este caso será una gestualidad diferente de la norma la que nos comunique algún tipo de cambio. La señal es que, al variar los hábitos de su lenguaje corporal, el estado emocional de una persona está cambiando, la causa de este cambio podría encontrarse en una mentira que se acaba de decir o simplemente en la intensificación de una sensación negativa.

ANÁLISIS EN VÍDEO DEL INTERROGATORIO A BILL CLINTON POR EL CASO LEWINSKY

Bill Clinton durante el caso Lewinsky fue interrogado durante cuatro horas. El interrogatorio fue televisado, una situación muy extrema en la que incluso una persona como Clinton un gran comunicador que domina la comunicación no verbal y tiene mucha experiencia en comunicación pública pierde el control.

En el capítulo 2 hemos visto cómo en tres ocasiones la expresión facial de Clinton revela las emociones que está sintiendo y contradicen el significado de lo que quiere responder verbalmente. Se observan expresiones de desprecio, sorpresa fingida y enfado.

Analizamos los dos minutos más tensos del interrogatorio en los que se observa un cambio significativo en el lenguaje corporal de Clinton y diferentes señales de engaño. Unos segundos antes de ese momento, Clinton hace un comentario irónico al fiscal con su lenguaje corporal habitual, el contraste es claro y significativo, nos ayuda a identificar las diferencias cuando no es honesto.

Recordamos las emociones que Clinton expresa antes de responder a una pregunta muy difícil se ve una microexpresión de desprecio, Clinton evita responder verbalmente, se acoge a su derecho de no declarar, pero ante la siguiente pregunta, aún más difícil, su cara finge sorpresa, la sorpresa auténtica es muy rápida, un segundo como máximo, en ese momento el lenguaje corporal lo delata, la pregunta no le sorprende de verdad. La siguiente emoción que expresa es de enfado. A partir de ese momento pierde el control de su comunicación no verbal y ya no responde a las preguntas. Al mismo tiempo se ve cómo cambia su lenguaje corporal, tiene la mirada perdida, tartamudea, incrementa el parpadeo, se encoge, el torso está rígido y la respuesta verbal es evasiva.

Para ver el vídeo, escanea el código QR, o bien ve a esta dirección: www.catalinapons.com

RECORDAR

- A menudo, las personas asocian el estudio del lenguaje corporal con una herramienta para desenmascarar el comportamiento de las personas que mienten: no es así.
- No debemos preguntarnos si una persona está mintiendo y asociar movimiento = mentira y ausencia de movimiento = verdad, sino que hay que preguntarse por qué al responder a una determinada pregunta hubo una reacción específica.
- Cuando una persona miente, los niveles de estrés aumentan, por lo que la actitud se ve afectada. Observar todo lo que se aparta del lenguaje corporal basal de una persona es la primera herramienta para detectar un nivel de estrés o malestar en aumento.
- Cuanto mayor es la pérdida causada por ser descubiertos mintiendo, mayor es la probabilidad de que el nivel de estrés sea alto y deje filtrar información que contradice la mentira.
- Al variar los hábitos del lenguaje corporal, el estado emocional de una persona está cambiando, la causa de este cambio podría encontrarse en una mentira que se acaba de decir o simplemente en la intensificación de una sensación negativa.

6. EL LÍDER AUTÉNTICO

Comunicar con claridad y eficacia es fundamental para liderar equipos con resultados. Para liderar con eficacia, para inspirar y guiar a otras personas, es imprescindible comunicar con claridad tus ideas, entender a las personas que te rodean, observar con atención sus reacciones, establecer relaciones positivas con fuerte vinculación para motivar el compromiso del equipo. Cuanto mejor comunicador sea el líder, mayor probabilidad de éxito tendrá el equipo.

El líder auténtico[1] genera la confianza y credibilidad necesarias para que los miembros del equipo trabajen en la dirección que plantea. Por su propia naturaleza, el líder es la persona que todo el mundo observa, ocupa el centro de la escena, su lenguaje corporal es examinado por todos los presentes, de modo que para un líder es fundamental dominar la comunicación no verbal para ser creíble. Ya hemos visto que la credibilidad depende sobre todo del lenguaje corporal, es imprescindible que la comunicación verbal y no verbal estén alienadas y sean congruentes. Si el discurso verbal no corresponde a las emociones que está transmitiendo el lenguaje corporal, la persona no conseguirá convencer a nadie, no será auténtica.

Para liderar es crucial ser consciente de cómo tus expresiones, la forma de mirar, el tono de voz, los gestos, posturas y todos tus mensajes no verbales van a ser interpretados por los demás y del impacto que esta interpretación tendrá en sus reacciones, en su comportamiento. Al margen de lo que es-

tés diciendo con las palabras, ya sabes que las personas de-
cidimos cuál es la intención real de alguien en base a lo que
comunica su lenguaje corporal, por eso es tan relevante ser
consciente de los mensajes que estás enviando.

Una investigación del MIT, liderada por Alex Pentland,[2]
demostró cómo se puede predecir la decisión de los inversores en presentaciones de emprendedores: sin escuchar ni
una sola palabra, solo analizando la comunicación no verbal, en dos minutos se predice la decisión del inversor con
gran fiabilidad. Pentland diseñó el Sociometer, un *software*
que mide diferentes aspectos de la comunicación no verbal,
tales como la cantidad de interacciones, la sincronía o el *mirroring*. El sociómetro ha dejado patente que muchas decisiones se pueden predecir en base al componente no verbal,
la parte inconsciente de una conversación, es la información
que de forma innata consideramos como honesta, auténtica
y en la que confiamos de manera instintiva, por eso influye tan determinantemente en nuestras reacciones y decisiones. Pentland las ha denominado *honest signals* y son las siguientes:

- Influencia: en qué medida la persona domina la conversación.
- *Mimicry*: cómo está funcionando el *mirroring*, la sincronía del lenguaje corporal.
- Actividad: indica el nivel de energía y de entusiasmo.
- Consistencia: cuán equilibrada es la persona, muestra la
  concentración mental.

Son señales honestas, auténticas porque son inconscientes, pero la pregunta ahora es: ¿se pueden generar de forma
consciente? Cuando te preparas para una entrevista importante o una negociación, ¿puedes proyectar una honestidad

totalmente fingida? La respuesta es no, no podemos fingir a este nivel. Si realmente no creemos en lo que estamos proponiendo, no proyectaremos autenticidad. Tampoco es el objetivo de la mayoría de profesionales, en general invertimos en mejorar nuestras habilidades de comunicación para ser más persuasivos, para mejorar el resultado de nuestras conversaciones, no para aprender a manipular o a mentir. En cambio, si de verdad crees en lo que vas a hacer, sí puedes prepararte para proyectar autenticidad. Si realmente tienes confianza en ti mismo y seguridad, tu comunicación no verbal lo transmitirá, comunicará honestidad y serás mucho más persuasivo.

La capacidad de influencia se basa en tres aspectos: en proyectar la posición de poder dentro del grupo, en transmitir entusiasmo y en la competencia. El líder de un grupo tiende a ocupar la posición central, a hablar más, a interrumpir; en definitiva a dirigir la conversación. Cuando no tienes la posición de liderazgo, pero sabes mucho de un tema, eres muy competente y apasionado, puedes dominar la conversación aun no siendo el líder del grupo.

Duplicar el lenguaje corporal, *mirroring*, genera empatía. Las personas cuando se sienten cómodas hablando espontáneamente se mimetizan, es una habilidad que se puede desarrollar y es conveniente hacerlo. Primero, porque cuando duplicas el lenguaje corporal de tu interlocutor comprendes mejor cómo se siente, y esto te ayuda a gestionar la conversación; segundo, porque la otra persona se siente cómoda y es más fácil entenderse.

En el estudio de Pentland se observó que los comerciales que duplican el lenguaje corporal del cliente obtienen un 20% más de ventas. En negociaciones de salarios, el resultado fue que los candidatos que más *mirroring* hacían obtuvieron un 33% más de salario.

En cuanto al nivel de actividad, el entusiasmo, no tiene ningún sentido intentar incrementarlo de forma artificial, no sería creíble. Lo que sí puedes hacer es concentrarte lo máximo posible en la conversación que vas a tener, de manera que trasmitas lo mejor posible tu entusiasmo. La energía que tienes se incrementa de forma natural cuando te concentras en el tema. Por tanto, será un trabajo de preparación de tu actitud y de enfoque de la conversación antes de empezarla.

Por último, la consistencia comunica la determinación de la persona, es mucho más probable que consigas lo que quieres si te muestras consistente.

A lo largo del capítulo veremos en profundidad el impacto de la comunicación no verbal del líder en los resultados del equipo y analizaremos una situación en la que el lenguaje corporal del líder es determinante: las presentaciones.

POSICIONES DE PODER Y EMOCIONES

El lenguaje corporal afecta a los demás, pero también nos afecta a nosotros mismos. Adoptar una posición abierta o, por lo contrario, una postura cerrada cambia inmediatamente nuestro estado de ánimo, además de modificar la percepción que los otros tienen de nosotros. Entre las distintas especies, la postura del cuerpo a menudo es la representación primaria de la energía. Desde los peces, a los reptiles, a los mamíferos inferiores, hasta los primates no humanos, el poder se expresa y se infiere a través de las posturas que expanden el tamaño del cuerpo, o, incluso, con la percepción que deriva de la simple extensión de las extremidades.

El vínculo entre una postura «extendida» y el sentirse y actuar con mayor confianza en sí mismo se ha demostrado en un estudio realizado por Amy Cuddy[3] de la Universidad de Harvard. La investigación ha descubierto que las posturas amplias (extremidades alargadas que hacen que el cuerpo ocupe más espacio) producen una mayor sensación de poder y hacen que las personas se sientan más capaces de asumir riesgos. Para medir esta capacidad de asumir riesgos, los investigadores dieron a cada uno de los participantes en el estudio dos dólares, diciéndoles que podían quedarse con el dinero o tirar un dado con el riesgo de perder el dinero y la posibilidad de ganar cuatro dólares. Los participantes sentados con una postura extendida dijeron sentirse mucho más «poderosos» y «fuertes» y mostraron un 45% más de propensión a tirar el dado en comparación con los participantes que tenían una postura recogida.

Aún más impresionante es que la postura extendida modifica también los niveles hormonales de las personas. Utilizando muestras de saliva, Cuddy y sus colegas encontraron que la postura extendida, mantenida durante dos minutos, provocaba en las personas cambios hormonales, concretamente se identificaron altos niveles de testosterona (T) y una disminución en el cortisol (C).

Estos recientes descubrimientos sugieren que el sentimiento de poderío de las personas se basa en parte en la postura asumida por el cuerpo. Cambiando el estilo de la postura es posible cambiar las cosas, o, al menos, modificar la experiencia psicológica vivida.

Estos resultados también sugieren que si se quiere predecir cómo las personas pueden actuar en un momento dado puede ser útil examinar su postura, más que su cargo o su título. La postura dice mucho más sobre una persona que, por ejemplo, el papel que ocupa en la jerarquía social.

La sorprendente conclusión de este experimento demuestra que el lenguaje del cuerpo (en este caso una postura) puede influir en las actitudes, en la motivación y en la carga emocional.

Más allá del resultado del estudio, este descubrimiento abre una nueva perspectiva en la utilización de la comunicación no verbal: no solo sirve para comprender lo que alguien siente, sino que también se puede utilizar para mejorar o incluso cambiar actitudes.

De hecho, forma parte del método de trabajo para la preparación de una conversación: por ejemplo, antes de una entrevista, una negociación o una presentación, ponte dos minutos en posición de poder y además sonríe, solo en dos minutos conseguirás que tus niveles hormonales cambien y te sentirás mejor. Este ejercicio contribuye enormemente a tener la actitud adecuada para la conversación que vas a mantener. ¡Pruébalo!

Amy Cuddy presentó el estudio en una conferencia TED, «Your body language shapes who you are». Te recomiendo ver el vídeo, te ayudará a profundizar en la compresión del concepto.

http://www.ted.com/talks/amy_cuddy_your_body_language_shapes_who_you_are

El lenguaje corporal del líder

El líder auténtico proyecta confianza y competencia, tal como hemos visto en el primer capítulo al hablar de la primera impresión que nos causa alguien.

En el otro extremo estaría el líder frío e incompetente, sería el líder menos eficaz o más bien un jefe que «manda», vence pero no convence, tiene la autoridad formal y el equipo le obedece, pero no lo considera su líder.

En general, tampoco nos interesa proyectar frio y competencia, un jefe muy competente, con todo el conocimiento y experiencia necesario para llevar a cabo su función, pero que se muestra frio, alejado de los demás, no genera la confianza necesaria para conseguir el compromiso del equipo, se puede quedar solo con sus grandes ideas por no ser capaz de involucrar a los demás. Las personas no nos sentimos bien con alguien que nos parece «brillante pero cruel», nos alejamos, evitamos la interacción.

Por tanto, el lenguaje corporal de un líder tiene que conseguir proyectar calor y competencia, inspirar confianza, si realmente quiere que el equipo lo perciba como alguien fiable, alguien a quien pueden seguir. Sobre todo en momentos de cambios, de incertidumbre, las personas desean trabajar con jefes que les transmitan seguridad, estabilidad y que les haga sentir que conseguirán alcanzar los resultados deseados.

El calor, la confianza se transmiten con una comunicación no verbal receptiva, con posturas corporales abiertas, mostrando las manos, mirando a los ojos, enviando señales de interacción, asintiendo con la cabeza, con el movimiento de las cejas o sonriendo. El líder auténtico y carismático escucha con atención, está pendiente de todo lo que ve, es empático, sabe cómo interpretar las emociones de los demás e intenta comprender qué le está pasando a cada persona con la que está hablando, observa las reacciones, entiende mucho mejor qué está sucediendo de verdad en esa conversación, los interlocutores se sienten escuchados y comprendidos. Si el líder ha desarrollado sus habilidades de comunicación no verbal, será capaz de incorporar a la conversación verbal la información emocional que está viendo a través del lenguaje corporal y conducir la conversación con más eficacia.

El lenguaje corporal de un líder competente, que tiene las capacidades y habilidades necesarias para guiar el equipo es bastante parecido a la comunicación no verbal de poder. Tal como hemos visto en los primeros capítulos, se caracteriza por una posición corporal erguida, con la cabeza alta, camina seguro con paso firme, domina el espacio físico, ocupa las posiciones centrales, establece contacto visual directo, habla claro y alto con tono grave, tiene voz de líder, cuando habla consigue ser escuchado con naturalidad y tiene toda una gestualidad asociada a su seguridad. En el capítulo 3, dedicado a los gestos y movimientos corporales, tienes información detallada de los gestos que comunican poder. Con bastante frecuencia, este es un aspecto que se trabaja cuando se entrena a profesionales. El problema no es tanto la frontera entre comunicar competencia o poder, entendiendo poder como capacidad de liderar, si la persona se siente segura de lo que está haciendo, es honesta en su propuesta de actuación al equipo y su lenguaje corporal refleja que se siente poderosa, consistente y creíble, el problema es cuando el profesional no es consciente de que está comunicando «dominio». De hecho, es un tema de grado y en ocasiones requiere un gran esfuerzo controlarlo, porque, por ejemplo, el contacto visual directo puede convertirse en una mirada retadora que provoque una reacción de conflicto, la cabeza erguida comunica poder, pero si este es un gesto demasiado exagerado, y la cabeza va un poco hacia atrás y se adelanta la barbilla, se convierte en una señal muy dominante, agresiva y provocará reacciones defensivas. El interlocutor se cerrará, algo que probablemente no es el objetivo de la conversación; de hecho, si muestras signos de enfado o agresividad, lo que consigues es que los demás dejen de hablar y eviten interactuar contigo.

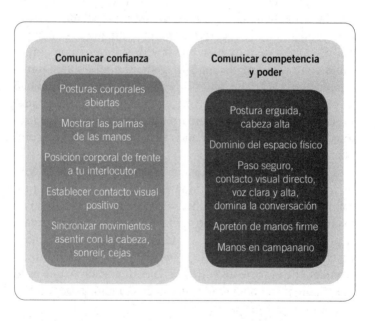

Un buen ejemplo de lenguaje corporal de líder es el presidente Obama, si vuelves a ver el vídeo de Obama, presentado en el capítulo 1, descubrirás ahora más cosas que la primera vez que lo viste. Vale la pena, son cuatro minutos y te darás cuenta del potencial que tiene todo lo que estás aprendiendo.

Presentaciones

Hablar en público es una de las situaciones en las que el dominio de la comunicación no verbal es fundamental para ser creíble.[4]

La información que comunica tu lenguaje corporal es lo que realmente construye tu credibilidad o la destruye, ya hemos comentado la tendencia innata de los seres humanos a confiar en el lenguaje corporal cuando las palabras no dicen lo mismo que el cuerpo. Por tanto, aunque el contenido del discurso esté muy bien elaborado, si el lenguaje corporal lo contradice, perderemos la confianza del público inmediatamente. De hecho, antes de empezar a hablar, el público ya tendrá conformada su primera impresión sobre el ponente (recuerda que nuestro cerebro límbico decide en siete segundos si podemos confiar en la persona y su nivel de competencia).

En consecuencia, el resultado de la presentación está condicionado desde el primer momento por tu lenguaje corporal. La mayoría de profesionales invierten mucho tiempo en la preparación del contenido verbal de la presentación y prácticamente nada en preparar cómo lo van a comunicar, cuando en realidad la eficacia de la presentación depende principalmente de la parte no verbal de la comunicación, que es lo que realmente te convierte en un buen comunicador y la clave para ser un líder persuasivo.

Hablar en público es una de las fuentes de ansiedad más comunes de los seres humanos. La mayoría de las personas sentimos un cierto nerviosismo antes de empezar, y es lógico, es una situación en la que te sientes expuesto, observado y juzgado, es una situación de alerta y los niveles de adrenalina se incrementan, causando mariposas en el estómago, boca seca, temblor de voz, sudoración. Un poco de adrenalina tiene un efecto positivo, nos hace estar más ágiles, brillantes y lúcidos, pero si los síntomas se apoderan del ponente, se puede convertir en un desastre. Si el ponente está estresado, nervioso o incómodo, esto será lo que va a transmitir a la audiencia, le contagiará su emoción negativa.

La actitud del ponente, las emociones que está transmitiendo determinan la reacción de la audiencia. Si no muestra una actitud positiva, segura, dialogante, con ganas de comunicar con ellos, no se puede esperar que la reacción del público sea de atención, ni que se involucren en los que se está diciendo. En otras palabras, si vas a pedirle a un equipo que realice un esfuerzo para hacer un cambio de estrategia vital para la empresa, ¿estás comunicando tu propia convicción?, ¿estás transmitiendo con entusiasmo las ventajas de tu propuesta?, ¿tu lenguaje corporal es congruente con lo que estás diciendo? El contagio de las emociones se produce fundamentalmente a través de la comunicación no verbal, las señales no verbales que comunica el ponente son captadas por las neuronas en espejo de la audiencia, así que, si el ponente está comunicando emociones positivas, la audiencia se sentirá bien, pero si el ponente está comunicando emociones negativas, por muy positivo que sea su discurso verbal, la reacción de la audiencia será defensiva, no se involucrará, no confiará en lo que está oyendo, lo percibirá como falso.

La clave para persuadir es la capacidad para conectar con el público y transmitir confianza y credibilidad, y esto solo se produce cuando la conversación verbal y la corporal comunican lo mismo. Por supuesto, el contenido de la presentación debe ser relevante para la audiencia, de otro modo, por mucho que la comunicación no verbal sea perfecta, no les va a interesar.

Una vez que has elaborado el contenido de la presentación, lo has estructurado, has pensado argumentos y preparado todo el material, cuando ya sabes qué quieres decir, empieza la preparación de cómo lo vas a presentar, es el último paso en la preparación de una presentación, y es clave para obtener buenos resultados. Si solo preparas la parte verbal, el 7% de la información, y dejas el resto, el 93% del peso de la presentación, a la improvisación, te arriesgas a no alcanzar tus objetivos. La audiencia te juzga por lo que ve y además lo hace instintivamente en los primeros segundos. Si realmente quieres mejorar el resultado de tus presentaciones, es fundamental que te centres en esta parte de la preparación. Implica invertir un poco más de tiempo, pero la mejora es tan significativa, que resulta una inversión muy rentable.

Te puede resultar paradójico, pero cuanto más preparada y ensayada sea la presentación de un líder, más auténtica y natural será percibida por los demás. Natural e improvisado no son sinónimos. Steve Jobs fue un líder natural y carismático, reconocido por sus grandes habilidades de persuasión en las presentaciones de los nuevos productos de Apple, y esto es así porque dedicaba mucho tiempo a la preparación de cada detalle y ensayaba durante varios días. Jobs proyectaba autenticidad y pasión. Al final del capítulo (págs. 142-143) podrás ver el análisis de una de sus presentaciones y acceder al *link*. Es un claro ejemplo de presentación con un contenido excelente, una estructuración del discurso genial, perfectamente preparada y ensayada, con una comunicación verbal y no verbal totalmente alineadas.

A continuación vamos a trabajar los siete aspectos más relevantes de la comunicación no verbal durante una presentación.

1. Un buen inicio

Antes de empezar a hablar, el público ya está observando al ponente, y es vital conectar con él desde el primer momento para transmitir que te sientes seguro, tranquilo y con ganas de hablar con la audiencia.

Camina con paso firme y seguro, elige la posición donde mejor te vean todos y ponte lo más cerca posible del público. Mantente erguido, de frente a la audiencia, abre los ojos, levanta las cejas y sonríe. Tu cuerpo está comunicando una actitud abierta, receptiva y dialogante, la gente percibe que estás cómodo y seguro de lo que vas a decir.

En el discurso de Obama del año 2004 que hemos presentado en el primer capítulo del libro, puedes observar un inicio de presentación impecable a nivel de comunicación no verbal.

2. Mira al público durante toda la presentación

El líder auténtico mira a los ojos, mira a cada persona durante unos segundos y establece contacto visual con cada uno; el objetivo es que cada persona sienta que se lo estás explicando a ella. No se trata de hacer barridos rápidos con la mirada, de hecho hay que evitar ir cambiando la mirada de forma rápida de una a otra persona, porque comunica todo lo contrario, nerviosismo, falta de concentración o inquietud. El contacto visual se ha de mantener durante toda la presentación. Si utilizas Power Point o cualquier otro *software* de presentaciones, ten en cuenta que la información que estás proyectando en la pantalla no es para ti, es para que la vea la audiencia, no son las notas del orador, ¡nunca mires a la pantalla! Cuando un ponente se da la vuelta y habla mirando a la pantalla deja de haber contacto visual con el público, la voz baja de volumen y se pierde totalmente la conexión con las personas, que dejan de escuchar porque el ponente no se está dirigiendo a ellas, está hablando con la pantalla. Es como si en una conversación tu interlocutor se pusiese de espaldas a ti, ¿qué le dirías? En nuestra cultura, la mirada dirige las conversaciones, si no miras a la otra persona, es difícil que piense que estás hablando con ella.

Si la audiencia es muy numerosa, es imposible mirarlos a todos. No obstante, no te centres en mirar solo a las primeras filas, porque el resto del público se sentirá excluido de la conversación y te dejará de escuchar. Mi recomendación es dividir el auditorio en cuatro cuadrantes, empezar mirando a las personas ubicadas en el centro y en cada cambio de argumento o en los mensajes clave, distribuir la mirada entre varias personas de cada cuadrante, de esta forma todos se sienten involucrados.

¿Qué piensas cuando un ponente mira al suelo o lee sus notas? Inmediatamente, tienes la sensación de que no está seguro, pierdes la confianza, no parece que sepa de lo que habla, no te crees lo que está diciendo.

Una buena presentación nunca es leída, el contenido verbal hay que aprendérselo, pero no para memorizarlo y repetirlo como un monólogo, se trata de establecer un diálogo con la audiencia, y leyendo es muy difícil mantener una conversación, no puedes mirar al público y es imposible conectar.

3. Utiliza la voz

Es imposible transmitir seguridad y confianza con una voz débil, temblorosa o chillona. Un buen comunicador consigue tono de voz, entonación, volumen, velocidad y dicción adecuados para conectar con la audiencia. Utiliza la voz para enfatizar los mensajes y crear diferentes climas a lo largo de la exposición y recurre a los cambios de ritmo y de tono para evitar la monotonía. Habla claro para que el público te entienda, habla suficientemente alto para que te oigan desde la última fila, debes sonar creíble, confiado, cómodo. La voz tiene que reflejar el entusiasmo y la energía que sentimos por el tema.

La variedad y el énfasis no solo proporcionan a la voz la dimensión adecuada para mantener la atención, sino que también influyen en la comprensión del significado de nuestras palabras y contribuyen a proyectar confianza y credibilidad.

La voz es el gran instrumento humano, un 38% de la información que comunicamos depende de ella, sin embargo, pocos profesionales la trabajan y utilizan todo el potencial que tiene. Como ya hemos visto en el capítulo 4, el tono de voz de los grandes líderes es grave, tienen voces envolventes, agradables al oído humano. Recuerda que las voces agudas se asocian a nerviosismo, inseguridad y son difíciles de escuchar, irritan. Quizás te estés preguntando si tienes voz de líder, es una pregunta clave en el proceso de mejora de tus competencias de comunicación no verbal; si no la tienes, la buena noticia es que con entrenamiento puedes conseguirla. En mi trayectoria profesional he visto cambios espectaculares trabajando la voz, el impacto en la mejora de la capacidad de persuasión de la persona es impresionante. En general, este trabajo supone una dedicación de unas dos horas semanales durante dos o tres meses. Es una inversión muy rentable, te lo puedo asegurar. En el capítulo dedicado a la voz tienes la información necesaria para trabajar la voz.

4. Controla lo que dice tu cuerpo

¿Tu lenguaje corporal es consistente con lo que dices? ¿Están alineadas la conversación verbal y la no verbal? Si tú no lo sabes, la audiencia sí, lo habrá decidido en lo primeros siete segundos de la presentación.

El lenguaje corporal de un líder cuando habla en público es abierto, receptivo, tiene una expresión facial positiva y relajada, mira con intención al público, se ubica en la posición

más central y cercana a la audiencia, tiene una postura erguida, sin ser rígida, mueve las manos con naturalidad, proyecta
la voz, habla claro y alto, ocupa el espacio, se mueve con intención y transmite entusiasmo.

Mientras estás presentando y eres observado por todos, es
importante que evites enviar cualquier señal que pueda inter-
pretarse como negativa; es un esfuerzo adicional, pero durante el tiempo de duración de una presentación es factible hacerlo y conveniente. Por tanto, controlaremos la expresión
facial, evitando expresiones de enfado o desprecio, manten-
dremos las manos en el campo de visión, no las esconderе-
mos como si tuviésemos algo que ocultar. No cruzaremos las
manos, ni los brazos ni las piernas. Por supuesto, los gestos
asociados a la mentira también conviene suprimirlos.

5. Muévete con intención

El ponente experto sabe ocupar la escena como un actor.
Debe dominar perfectamente el espacio físico y los equipos
técnicos que va a utilizar. Utiliza el movimiento para evitar la
monotonía y mantener la atención, pero no se mueve sin sentido, no va de un lado a otro del escenario sin ningún motivo;
estos son movimientos que la audiencia no solo no entiende,
sino que los asocia con nerviosismo y falta de control. El ponente experto hace coincidir su movimiento con un mensaje
clave o con cambios de argumento o transiciones, lo utiliza
con intención, el publico lo sigue porque tiene un significado y es coherente con lo que está diciendo. Siempre que puedas, ponte lo más cerca posible de la audiencia, esto ayuda a
crear un clima de diálogo y potencia la interacción con ellos;
el fondo del escenario es para la pantalla: si te ubicas tan lejos del público, estarás comunicando lejanía, poco interés.
Además, según como sea el espacio físico, no te podrán ver

los ojos y perderás el contacto visual. No te escondas detrás de un atril, el atril es para los cobardes, si quieres realmente conectar con la audiencia deja que te vean; el atril cubre todo el cuerpo, quedas reducido a un busto parlante, pierdes mucha capacidad de conexión. Si puedes, evita barreras físicas, como una mesa, entre tú y la audiencia. Evita presentar sentado, puede parecerte más fácil, pero en realidad es una trampa, es mucho más difícil mantener la atención del público si estás sentado detrás de una mesa que estando de pie, es mucho mejor ser la única persona de la sala que está de pie. Además, sentado es más difícil proyectar la voz, por razones puramente físicas, y pierdes otro gran elemento de la comunicación no verbal.

Al igual que hacemos con el contacto visual, repartiendo la mirada de forma que toda la audiencia se sienta involucrada, los movimientos también los distribuimos, los planificamos en función de los momentos clave de la presentación. Empezamos por el centro y vamos hacia un lado u otro, coincidiendo con los mensajes clave, volviendo al centro para finalizar la presentación.

En el vídeo de la presentación de Steve Jobs que analizamos al final del capítulo, puedes observar un buen ejemplo de cómo ocupar y moverse en el espacio escénico.

6. Concéntrate en la audiencia, no pienses en ti

Cuando hablas en público solo consigues conectar con la gente si realmente estás concentrado en ellos, es imprescindible que tengas la intención de dialogar con ellos, de captar y mantener su atención.

Si el ponente está pensando en sus propios problemas, está preocupado por su imagen, está repasando el guión mentalmente, está «en su mundo», mostrará un lenguaje corporal cerrado, defensivo y lo transmitirá al público, de forma que conseguirá exactamente lo contrario de lo que quiere: ponerlos en actitud defensiva. De ese modo, no logrará conectar, ni mucho menos convencer, no generará confianza ni credibilidad.

El objetivo de la presentación es convencer a la audiencia, concéntrate en ella. Si consigues estar concentrado en la emoción y en la intención que quieres trasmitir, todo tu lenguaje corporal lo comunicará y será honesto, creíble. Cuando logras olvidarte de ti y estar totalmente focalizado en tus interlocutores, es cuando realmente conectas con ellos y consigues que tu comunicación sea auténtica, carismática, persuasiva y eficaz.

A este nivel solo se llega con esfuerzo, preparando bien la presentación, ensayando y practicando mucho.

7. Prepárate antes de empezar

La preparación de la presentación tiene tres grandes partes: la elaboración del contenido, la preparación a nivel de actitud y emociones, y por último el ensayo de cómo lo voy a explicar.

Para elaborar el contenido empiezas planteando la presentación en función de cómo es la audiencia y de cuál es tu objetivo. Cuanto mejor conoces a tu público, mayor será la probabilidad de desarrollar un contenido que les interese. Si quieres comunicar con convicción, tienes que aprenderte el texto, pero no para decirlo de memoria, sino para dominar perfectamente lo que vas a decir, porque solo entonces tienes excedente psicológico para ocuparte del resto, es decir para conseguir transmitir tu mensaje proyectando confianza y credibilidad. La audiencia tiene que percibir que sabes de lo que hablas, ya lo hemos comentado, pero es muy importante, no te prepares contando con leer notas o, aún peor, con leer lo que estás proyectando para el público, un ponente que necesita leer para saber qué va a decir, parece que no sabe de lo que habla, no es percibido como competente.

La mayoría de profesionales, incluso los que hacen presentaciones con frecuencia, sienten una cierta inquietud al hablar en público. La situación de estar expuesto ante una audiencia es una fuente de ansiedad, de hecho, hablar en público es una de las fobias humanas más frecuentes. Pero ten en cuenta que la reacción biológica de liberar adrenalina es positiva siempre que no llegue a niveles que provoquen el bloqueo mental de la persona. Cuando el miedo escénico llega al nivel de fobia, se requiere para superarla un tratamiento médico que es parecido al que se utiliza en fobias como el miedo a volar en avión. Si bien lo más frecuente es sentir un poco de miedo escénico, lo importante es aprender a gestionarlo, aprovechando los síntomas positivos generados por la adrenalina y eliminando los negativos. Con entrenamiento puedes aprender a focalizarte en lo positivo que te proporciona la adrenalina y a controlar que los síntomas negativos no vayan a más.

A nivel de emociones, la preparación consiste en concentrase en la emoción que quieres transmitir, el proceso que realizamos es similar al método que utilizan los actores para expresar emociones. Lo hemos comentado en el capítulo 1, y en síntesis consiste en recordar una situación emocionalmente similar a la que quieres comunicar para que tu comunicación no verbal sea competente. No es lo mismo intentar poner cara alegre que recordar un momento de alegría; la expresión facial será sincera.

¡Ensayar, ensayar, ensayar!

Ensayar es la mejor manera de controlar la ansiedad, cuanto mejor te sabes el discurso y más has ensayado cómo lo vas a presentar, más cómodo y seguro te sientes.

Lo ideal es reproducir exactamente las condiciones de la presentación. De pie, si la ponencia se dará de pie, con las ayudas visuales que vamos a utilizar, hablando alto con el tono y el énfasis que pensamos emplear y, a ser posible, con alguien que nos escuche o frente una cámara. Debemos controlar el tiempo, la velocidad al hablar y cronometrar cuánto tardamos en cada parte de la presentación y en total. Cuando ensayas de pie, empiezas el entrenamiento de cómo lo vas a decir, dónde te vas a poner, en qué postura, cuándo te moverás y por qué, cómo mueves las manos, en definitiva estás ensayando qué proyectará tu comunicación no verbal. Generalmente, no es suficiente con hacer un ensayo: en el primero te das cuenta de los puntos fuertes que debes potenciar y de las áreas que puedes mejorar, en el segundo ensayo corriges y en el tercero adquieres la confianza y la seguridad necesarias para presentar con naturalidad.

Muchos profesionales se limitan a aprenderse la presentación sentados delante del ordenador…, no es lo mismo, el resultado no tiene nada que ver, porque en realidad no han ensayado nada y confían en sus habilidades de improvisación en directo. No es recomendable hacerlo así, estás dejando el 93% de tu capacidad de comunicación al azar.

Los minutos antes de la presentación

Si has realizado todo el proceso propuesto, los minutos antes de la presentación no son para repasar corriendo todo lo que vas a decir o para comprobar datos o cambiar de orden las diapositivas. Te has aprendido el contenido y has preparado la puesta en escena, justo antes de empezar la presentación, dedica unos minutos a concentrarte en tu actitud, en la intención y emoción que quieres comunicar.

Algunas de las técnicas que utilizamos:

- Respiraciones profundas y lentas.
- Posiciones de poder durante mínimo dos minutos sonriendo: nos cambia el estado de ánimo.
- Visualizaciones de situaciones emocionales que coincidan con la emoción que quieres comunicar.
- Calentar la voz, hablar antes de empezar la presentación.
- Beber agua. Añade zumo de limón si el síntoma de boca seca es molesto.

ANÁLISIS EN VÍDEO DE STEVE JOBS PRESENTANDO EL IPAD

Steve Jobs fue un líder visionario y carismático, invertía mucho tiempo en preparar y ensayar sus magníficas presentaciones de producto, pues era consciente de la importancia de conectar con la audiencia para transmitir su visión y persuadir. Su forma de concebir una presentación fue innovadora, como todo lo que hizo.

Trabajaba las presentaciones con un concepto de puesta en escena entretenida, inspiradora e informativa para la audiencia.

Analizamos seis minutos de la presentación del iPad. En el vídeo tienes los comentarios más relevantes de cada momento.

Empieza con una apertura sorprendente, provoca carcajadas generalizadas, genera emociones positivas desde el primer momento, conecta inmediatamente con el público, establece contacto visual y no lo pierde en toda la presentación, jamás mira las diapositivas, sabe perfectamente lo que está proyectando y también sabe que es importante mirar a la audiencia para crear un clima dialogante. Se mueve con naturalidad en el escenario, elige en cada momento la posición más adecuada para que la gente lo oiga y lo vea bien, no hay barreras físicas entre él y el público. Utiliza la voz para enfatizar los mensajes clave, tiene una voz clara y segura, genera confianza y transmite entusiasmo. El lenguaje corporal es expresivo y congruente con lo que dice, mueve las manos con gestos ilustradores y enfáticos que refuerzan su mensaje. Muestra las palmas de las manos en muchas ocasiones, comunicando sinceridad y credibilidad.

Argumenta con claridad, construye el discurso como un guión de cine: presenta un problema, un enemigo y un héroe que tendrá la solución. Para implicar a la audiencia en su visión, hace una pregunta retórica y crea expectación, capta totalmente la atención del público y consigue que el razonamiento sea compartido por todos. En el momento cumbre de la presentación consigue dirigir al público hacia el clímax a través de todo el lenguaje corporal: la entonación de la voz, los movimientos, la posición, los gestos de las manos y la expresión facial comunican el momento clave.

«Natural» e «improvisado» no son sinónimos, Steve Jobs era natural, pero no improvisaba nada, ensayaba mucho y era perfeccionista, controlaba todos los detalles, por eso su puesta en escena era tan natural, ¡sabía lo que quería decir y cómo!

Para ver el vídeo, escanea el código QR, o bien ve a esta dirección: www.catalinapons.com

RECORDAR

- Para liderar con eficacia, para inspirar y guiar a otras personas, es imprescindible comunicar con claridad tus ideas, entender a quienes te rodean, observar con atención sus reacciones, establecer relaciones positivas con fuerte vinculación para motivar el compromiso del equipo.

- La capacidad de influencia se basa en tres aspectos: en proyectar la posición de poder dentro del grupo, en transmitir entusiasmo y en la competencia.

- Duplicar el lenguaje corporal: *mirroring* genera empatía; cuando las personas se sienten cómodas hablando, espontáneamente se mimetizan.

- Entre las distintas especies, la postura del cuerpo a menudo es la representación primaria de la energía. Las posturas amplias producen una mayor sensación de poder y hacen que las personas se sientan más capaces de asumir riesgos.

- La comunicación no verbal no solo sirve para comprender lo que alguien siente, sino que también se puede utilizar para mejorar o incluso cambiar actitudes.

- El lenguaje corporal de un líder tiene que conseguir proyectar calor y competencia, e inspirar confianza, si realmente quiere que el equipo lo perciba como alguien fiable.

- Las emociones del líder influyen enormemente en el equipo, su autocontrol emocional es crítico para el rendimiento del grupo. Si transmite inseguridad, nerviosismo o cualquier otra emoción negativa, el equipo se contagia y baja el rendimiento de todos.

- La observación del lenguaje corporal en una negociación, predice el resultado con mayor precisión que cualquier otra cosa.

- En el discurso público, aunque el contenido del discurso esté muy bien elaborado, si el lenguaje corporal lo contradice, perderemos la confianza de la audiencia inmediatamente.

- La actitud del ponente, las emociones que está transmitiendo determinan la reacción de la audiencia.

- Cuanto más preparada y ensayada sea la presentación de un líder, más auténtica y natural será. «Natural» e «improvisado» no son sinónimos.

- La voz de líder usa frecuencias bajas, no perceptibles para el oído humano, que sincronizan con las ondas cerebrales del resto de personas y determinan quién es la persona con mayor poder de influencia.

- El ponente experto sabe ocupar la escena como un actor. Debe dominar perfectamente el espacio físico y los equipos técnicos que va a utilizar.

- Cuando hablas en público, solo consigues conectar con la audiencia si realmente estás concentrado en ella, es imprescindible que tengas la intención de dialogar con la gente, de captar y mantener su atención.

- Un ponente que necesita leer para saber qué va a decir parece que no sabe de lo que habla y no es percibido como competente.

- Ensayar es la mejor manera de controlar la ansiedad.

7. CONVERSACIONES CARA A CARA

Una conversación entre dos personas, cara a cara, es la mejor situación para desarrollar tus habilidades de comunicación. Tendrás que concentrarte en un solo interlocutor. La distancia y la intimidad te permitirán ver su cara, sus expresiones faciales, las seis emociones básicas, escuchar su voz. Podrás ponerte a prueba y averiguar si tienes lo que se denomina voz de líder, a la que hemos dedicado un capítulo completo por el impacto que tiene en la interacción entre personas, y también comprobarás si dominas tu lenguaje corporal y si eres capaz de leer el de los demás.

La comunicación cara a cara, entre dos, es una comunicación sincrónica y abierta a intervenciones, objeciones y correcciones del otro, mientras que la comunicación entre uno y muchos (una ponencia, por ejemplo) toma más el estilo del mensaje unidireccional, en el que la interactividad está muy limitada. En la comunicación cara a cara, el poder contractual es equilibrado y las fases de apertura y cierre adquieren una relevancia fundamental. El lenguaje corporal es esencial en este tipo de comunicación, ya que la atribución de los roles es determinante para la dirección que tomará el encuentro. Los roles que los dos interlocutores asumen influencian el resultado final del encuentro. En este tipo de conversaciones existen básicamente dos posiciones: dominio y sumisión. Sin embargo, no se trata de posiciones relacionadas con las connotaciones de debilitad-fuerza o bondad-maldad, sino de estados de los interlocutores, que siempre son interdependientes en la comunicación cara a cara y que pueden variar a lo largo del encuentro, en relación con las capacidades de negociación de los protagonistas. Alcanzar un equilibrio de poderes es el objetivo y reconocer el rol de nuestro interlocutor y saberse acoplar a ello es vital para cualquier profesional de la comunicación.

Conocer a tu interlocutor

Si bien cada persona es diferente y única, el comportamiento humano tiene unos patrones comunes y predecibles. A lo largo de la historia se han realizado múltiples estudios que han concluido que existen cuatro patrones básicos de comportamiento y estilos de comunicación. Conocer el tuyo y reconocer el de tu interlocutor facilita mucho la comunicación.

Existen diferentes herramientas de psicometría para medir estos patrones, tales como el test DISC o el MBTI, y todas ellas, con diferentes matices, valoran la conducta observable: cómo actuamos frente a diferentes estímulos y cómo reaccionamos. No se trata de pruebas de personalidad ni de inteligencia. Los cuatro patrones son necesarios en un equipo, no hay uno mejor que otro, son comportamientos diferentes, maneras diferentes de reaccionar ante cada situación.

Utilizaremos la metodología DISC[1] para describirlos. La clasificación de los cuatro patrones se realiza en base a dos parámetros: por un lado, mide si la persona es extrovertida o introvertida y, por otro, si tiene una predisposición hacia las tareas o hacia las personas, con el siguiente resultado:

Dominante: directo, decidido, orientado a resultados, dinámico, con autoestima alta, seguro de sí mismo, competitivo, realista, utiliza datos objetivos, impaciente, difícil de complacer.

Influyente: muy persuasivo, emprendedor, innovador, sin miedo al riesgo, decide por intuición, no le interesan los detalles.

Sociable: paciente, escucha con atención, amable, constante y leal en sus relaciones, rehúye el conflicto. Para decidir necesita seguridad.

Cumplidor: perfeccionista, orientado a los procesos, muy detallista, lógico, racional, prudente. Para decidir requiere mucha información.

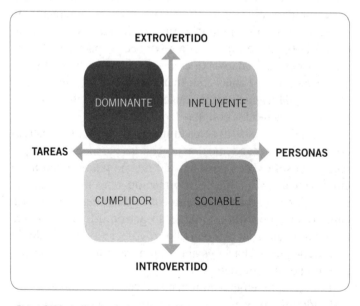

El test DISC clasifica los cuatro patrones de conducta y comunicación en base a dos parámetros: extroversión-introversión y orientación a tareas o a personas

Casi nadie tiene un patrón puro, la mayoría de personas tenemos un estilo predominante con algún componente de otro, pero en general es fácil reconocer el patrón de comportamiento de las personas con las que tratas. Está claro que cada uno tiene una forma diferente de tomar decisiones y de reaccionar ante las situaciones, y también un estilo de comunicación diferenciado. Estamos hablando de conductas, por lo tanto son observables.

¿Conoces tu patrón de comportamiento y estilo de comunicación?

Si quieres mejorar la calidad de tus conversaciones, es recomendable que conozcas tu patrón de comportamiento y estilo de comunicación; te resultará muy útil para incrementar tu autoconocimiento y potenciar tus habilidades de comunicación. El objetivo es aprender a reconocer el patrón de tus interlocutores para adaptar tu estilo de comunicación al suyo. Si a cada uno le hablas a su manera, te entenderán antes, y ello te ayudará a mejorar las relaciones con tus interlocutores y llegarás a acuerdos con más facilidad.

El motivo es que los seres humanos nos encontramos más cómodos, nos entendemos mejor con las personas que se parecen a nosotros, dos personas del mismo patrón pondrán el énfasis en el mismo tipo de información, reaccionarán de forma similar y tendrán el mismo estilo de comunicación. En cambio, cuando cada uno tiene un patrón diferente, si eres tú quien quiere conectar con el otro y llegar a un acuerdo, lo mejor que puedes hacer es aprender a tratar a esa persona en función de sus parámetros.

Por ejemplo, en una entrevista de ventas, el comercial intenta identificar el proceso de compra del cliente, ver qué información necesita la persona para decidir comprar y el

tipo de argumentación que mejor encaja en su forma de tomar decisiones. Imagina que estamos presentando un producto nuevo, innovador. Es un lanzamiento, y nos encontramos con un cliente del patrón influyente. Enfocaríamos la
argumentación de este modo: «Te traigo algo único, eres el
primer cliente en verlo, es la última innovación mundial…».
Le estaríamos destacando lo que más le motiva, conectaría-
mos con su forma de decidir. Por el contrario, si el vendedor
se encuentra con un cliente orientado a procesos, un cumplidor, la argumentación será totalmente diferente, ha de evitar cualquier comentario que se pueda percibir como riesgo.
El cumplidor es detallista, cauteloso y lógico, el comercial
tendrá que proporcionar mucha información, datos objetivos,
para reducir la incertidumbre que le produce la innovación a
este patrón de conducta. El producto es el mismo, el vendedor también, pero el enfoque de la conversación es diferente
porque se adapta al estilo del comprador.

A continuación describimos las principales características
de los cuatro estilos, te ayudará a entender cómo mejorar tu
forma de relacionarte con cada uno.

Dominante: enfoque de la comunicación

- Sé claro y preciso, ve directo al grano
- Ve preparado y organizado
- Argumentación lógica y eficiente
- Haz preguntas concretas
- Evita divagar, hacerle perder el tiempo. Es impaciente
- Dale alternativas y opciones para que tome sus propias decisiones
- Utiliza los resultados como elemento de persuasión
- Crea una relación *win-win* (todos ganan)

Dominante: lenguaje corporal	Adaptación
VOZ: clara, segura, ritmo rápido, volumen alto. CONTACTO VISUAL: directo, mira a los ojos GESTOS: señala con el dedo POSTURA: se inclina hacia el interlocutor, camina erguido	• Mantén la distancia social • Apretón de manos enérgico • Contacto visual directo • Gesticula en el espejo • Voz clara, alta, segura

Influyente: enfoque de la comunicación

- Dale tiempo para socializar
- Apoya sus objetivos, intenciones, motivaciones
- Habla de lo relacionado con personas y acciones, dale los detalles por escrito
- Pregunta su opinión y escucha
- Dale tiempo, no lo «asfixies», no lo inundes de datos, no presiones para cerrar
- Argumenta con pasos a la acción

Influyente: lenguaje corporal	Adaptación
VOZ: animada, amistosa, hablador, volumen alto CONTACTO VISUAL: mira a los ojos de forma cálida, sonríe mucho GESTOS: gesticula mucho POSTURA: se mueve constantemente	• Voz entusiasta, enérgica, amistosa, ritmo rápido • Acércate • Apretón de manos enérgico • Contacto visual amistoso • Interacción con las cejas, cabeza, sonrisa • Gesticula mucho

Sociable: enfoque de la comunicación

- Muestra interés sincero hacia la persona
- Sé paciente, argumenta de forma lógica y suave, no amenazadora
- Haz preguntas y escucha, dale tiempo, sé paciente
- Dale tiempo para decidir, no lo interrumpas; si lo fuerzas, pospone la decisión
- Evita ser frío o distante

Sociable: lenguaje corporal	Adaptación
VOZ: tono bajo y cálido, volumen bajo CONTACTO VISUAL: amistoso, poco directo GESTOS: gesticula poco POSTURA: relajada	• Mantén la distancia social • Apretón de manos igualitario • Contacto visual amistoso • Voz suave, volumen bajo • Gesticula poco • Inclinado hacia atrás, relajado

Cumplidor: enfoque de la comunicación

- Enfoque reflexivo
- Gana su credibilidad siendo minucioso
- Argumentación muy detallada, no prometas demasiado
- Dale información y el tiempo que necesita para decidir
- Resuelve objeciones dando testimonios de personas respetadas y garantías
- Evita forzar un cierre rápido porque pospondrá la decisión

Cumplidor: lenguaje corporal	Adaptación
VOZ: poca modulación, fría, distante, volumen medio CONTACTO VISUAL: intermitente GESTOS: pocos POSTURA: quieta, controlada	• Mantén la distancia social • Apretón de manos igualitario • Contacto visual directo e intermitente • Voz controlada, poca modulación • No gesticules

Generar empatía

En una conversación cara a cara, el tono de la conversación se establece en los primeros segundos y se basa en la comunicación no verbal. La actitud inicial es determinante, tu interlocutor la percibe de inmediato, por eso el primer paso cuando te preparas para la conversación que vas a mantener es trabajar a nivel actitudinal: ¿qué actitud quieres transmitir? En general, te preparas para actitudes positivas tales como estar receptivo, entusiasta o cálido, y te concentras en la emoción que quieres comunicar para que toda tu comunicación lo exprese. Por el contrario, cualquier emoción negativa como el enfado, el desprecio o la impaciencia provocará en tu interlocutor rechazo, cierre o defensa.

En este tipo de encuentros, el saludo inicial nos proporciona varias oportunidades de empezar bien.

En el saludo inicial influyen tres aspectos: contacto visual, dar la mano y a qué distancia nos situamos del interlocutor. La distancia correcta es un factor que varía en función de cada cultura, lo importante es que no se perciba como invasiva y genere rechazo. A medida que se genera confianza, la distancia se va reduciendo. Miramos al interlocutor a los ojos, como signo de interés, de apertura, de sinceridad, sin caer en un exceso de contacto visual tan directo y permanente que se pueda convertir en incómodo para el otro. La expresión de la cara es muy importante para comunicar una actitud positiva: sonríe, levanta las cejas, abre un poco los ojos; estás enviando señales de interacción positivas.

La forma como damos la mano transmite mucha información: si casi no ejercemos presión, la sensación que comunicamos es de inseguridad, de debilidad. Por el contrario, si el apretón es excesivo, puede parecer arrogante, denota exceso de confianza. En nuestra cultura, dar la mano es una de las pocas oportunidades que tenemos de tocar a la otra persona y es la forma más rápida de generar una buena relación,[2] de sintonizar. Siempre que puedas, no pierdas la ocasión de dar la mano a tu interlocutor. El tacto incrementa el recuerdo y establece vinculación. El impacto que tiene la forma de dar la mano en el resultado de la interacción ha sido ampliamente estudiado y se ha demostrado su correlación positiva con los resultados. Ten en cuenta que se requieren unas tres horas de interacción para alcanzar el mismo nivel de compenetración que consigues dando la mano. En el capítulo 3 tienes información detallada de las características del apretón de manos.

Si conoces a la persona, tienes identificado su patrón de comportamiento y estilo de comunicación, y por tanto ya conoces su lenguaje corporal basal y tienes una gran ventaja para empezar a duplicar su lenguaje corporal. En caso de que no la conozcas, observa su comunicación no verbal durante el saludo inicial y cuando empiece la conversación ve probando qué señales son las más relevantes para duplicar. En esta situación, además estás tratando de clasificar a la persona en uno de los cuatro estilos para adaptar tu estilo al suyo. Con práctica llegarás a hacerlo de forma casi automática.

Duplicar el lenguaje corporal, *mirroring,* genera empatía, hemos visto cómo el funcionamiento de las neuronas en espejo nos proporcionan esta capacidad de sentir las emociones de los demás. Cuando miras a alguien, tus neuronas en espejo imitan sus emociones, aunque no te muevas, ni imites sus gestos o expresiones, sientes sus emociones, por eso eres capaz de interpretar qué está sintiendo. Esto es la base de la comunicación interpersonal, sin esta capacidad todo resultaría muy difícil. Si además duplicas su lenguaje corporal, por un lado, entenderás mejor sus intenciones y emociones, por otro, le estarás comunicando receptividad, apertura, interés.

En una conversación de una hora, primero deja hablar a la otra persona, obsérvala y luego empieza duplicando su lenguaje corporal durante unos diez o quince minutos. Usa las neuronas en espejo para generar empatía. Inicia con la voz, nadie se da cuenta y es muy eficaz, sigue con el torso, con las manos, de forma sutil, sin caer en lo grotesco. Si ves que la persona se encuentra bien, la conversación fluye, cambia tu lenguaje corporal poco a poco, observando si tu interlocutor te sigue, si lo hace, es el momento de máxima empatía, has conseguido conectar con esa persona y generar confianza; te considera fiable, es el momento idóneo para conseguir el acuerdo que te has propuesto. Recuerda los resultados del estudio de Pentland, que hablan de incrementos de ventas de un 20% o de un 33% más de salario, vale la pena incorporarlo en tus conversaciones.

Negociaciones

Los mejores negociadores son expertos en escuchar. Han aprendido a observar e interpretar correctamente la comunicación no verbal de sus interlocutores para entender sus intenciones, motivaciones y emociones. La experiencia les ha demostrado que es muy difícil persuadir a alguien sin saber lo que realmente le motiva. Son muy empáticos, han desarrollado la habilidad, dejan hablar primero a la otra parte, hacen preguntas y observan, saben verbalizar intenciones, emociones y sentimientos del otro sin emitir juicios de valor, simplemente le hacen saber que se dan cuenta del contenido emocional. La reacción natural del interlocutor será de ampliar la información y ofrecer más explicaciones. El reto, en cualquier negociación es equilibrar empatía y asertividad.

La investigación en comunicación interpersonal demuestra que en treinta minutos de negociación entre dos personas se expresan hasta ochocientos mensajes no verbales, es el 93% de la información y es del todo honesta, refleja los sentimientos verdaderos de la persona. Cuanto mejor entiendas el lenguaje corporal, más ventaja tendrás en la negociación. Te darás cuenta de cuándo te conviene hacer algo diferente para conseguir el resultado que quieres. Además, un buen negociador conoce su lenguaje corporal, ha identificado qué gestos o expresiones de su propia comunicación no verbal pueden reforzar o contradecir su posición negociadora, y sabe utilizar el lenguaje corporal a su favor.

El método que seguimos para trabajar la comunicación no verbal durante una negociación es el que hemos descrito en profundidad en el capítulo 3. Aplicado a la situación de negociación, en síntesis es el siguiente:

1. Prepararte para la negociación: piensa qué pregunta te interesa responder sobre tu interlocutor: ¿su lenguaje corporal es receptivo/defensivo?, ¿es poderoso?, ¿es honesto o miente?

2. Observa su lenguaje corporal basal antes de empezar la negociación y clasifícalo en uno de los cuatro grandes ámbitos.

3. Identifica grupos de gestos asociados: como mínimo identifica tres gestos que indiquen el mismo significado.

4. Observa e interpreta los cambios de lenguaje corporal.

5. Ten en cuenta el contexto.

6. Controla tu lenguaje corporal para evitar interpretaciones negativas.

En general, durante una negociación las señales que más te interesa identificar son las de receptividad o defensa de tu interlocutor y las de honestidad o engaño.

El lenguaje corporal receptivo indica interés, apertura y si la negociación va bien. Si estás convenciendo a tu interlocutor, te lo mostrará gradualmente con un lenguaje corporal cada vez más receptivo para comunicarte que está de acuerdo. Observarás grupos de gestos asociados: contacto visual directo y cómodo, signos de interacción como asentir con la cabeza, levantar las cejas o sonreír. Tu interlocutor tendrá el torso orientado hacia ti y hacia delante. Las manos estarán en el campo de visión. La postura corporal será abierta, brazos y piernas no estarán cruzados. Hasta llegar a la máxima expresión de acuerdo, cuando acabará duplicándote el lenguaje corporal ese será el momento de cerrar el acuerdo.

En cambio, cuando la otra parte muestra una actitud defensiva, se produce todo lo contrario: la persona casi no te mira. Tendemos a no mirar lo que no nos gusta, la expresión facial es tensa, los labios están apretados, cerrados, la cabeza y el tronco no se dirigen hacia ti, se alejan de ti. Los brazos se cruzan, las manos se retuercen, desaparecen del campo de visión. Las piernas también se cruzan, los pies se dirigen hacia otra persona o, peor aun, hacia la puerta, indicando ganas de terminar e irse. Con las piernas cruzadas, en diferentes investigaciones, se ha demostrado que no se alcanzan acuerdos.

Identificar mentiras, tal como hemos visto, puede ser muy complejo, se requiere conocer bien el lenguaje corporal del interlocutor y tener mucha práctica interpretando comunicación no verbal para no caer en falsas interpretaciones que podrían llevarnos a tomar decisiones equivocadas. El capítulo 5 está dedicado al tema en su totalidad. Además de aprender a identificar mentiras, te interesa conocer las señales de tu lenguaje corporal que pueden ser interpretadas como engaño, para evitarlas en momentos clave de la negociación en los que la contraparte podría hacer mal uso de su experiencia inconsciente leyendo lenguaje corporal e interpretar tus gestos como signo de engaño. Podrías perder la credibilidad y su confianza, pues la otra persona podría creer que estás mintiendo, aunque no fuera cierto.

En una mesa de negociación ponte cerca de tus interlocutores, a una distancia en la que se vea perfectamente la cara que pones. Las emociones básicas se expresan en la cara y tanto si eres consciente como si no de haberla visto, la emoción percibida te afecta, te hace reaccionar diferente. Lo mismo les ocurre a tus interlocutores, por tanto es importante que sepas qué emociones les estás comunicando. Si resulta que envías señales de enfado o de desprecio, no es de extrañar que no obtengas el resultado que esperabas, por muy bien que estés controlando la comunicación verbal. Las emociones se contagian y tú estás contagiando a toda la mesa con un mensaje negativo.

El mismo efecto se produce si con la postura corporal estás enviando mensajes de dominio, no de poder, sino de dominio. Puedes provocar la reacción simétrica de la otra parte y desatar un conflicto. Si lo estás haciendo intencionadamente porque quieres provocar esa reacción, vale, pero lo malo es cuando no eres consciente de que eres tú quien estás iniciando el conflicto porque entonces no entiendes la reacción del otro y puedes malinterpretar la situación.

¿Qué puedes hacer cuando ves que tu interlocutor está cada vez más cerrado?

No te interesa que se mantenga mucho tiempo en posición defensiva, los gestos condicionan el estado de ánimo, su predisposición negativa irá aumentando. Así que, si quieres llegar a un acuerdo, intenta cambiarle la posición física, por ejemplo dándole un documento, de manera que le obligue a moverse y a cambiar de posición. Comprueba tu postura, y si estás cerrado, cambia a una posición abierta, las neuronas en espejo de tu interlocutor se lo harán sentir. Otra opción es verbalizar la emoción que estás reconociendo, hacerle saber al otro que te das cuenta de lo que siente, pero sin juzgar. Por último, puede ser el momento de cambiar de táctica, de pasar al plan B, ya que el enfoque inicial no te está dando el resultado esperado.

Entrevistas

En la mayoría de profesiones se realizan entrevistas de diferentes tipos, entre directivos en una negociación o entre recursos humanos y candidatos o simplemente entre vendedor y cliente.

Un ámbito profesional en el que la entrevista es crucial es el de la medicina. El diagnóstico empieza con una conversación entre médico y paciente.

La comunicación entre médico y paciente ha sido profundamente analizada y estudiada con resultados muy interesantes, que podrían (o deberían) ser aplicados en cualquier tipo de entrevista profesional.

Un médico a lo largo de su vida profesional puede llegar a realizar unas 150.000 visitas.

El Institute for Healthcare Communications (IHC), dedicado al estudio del impacto de las habilidades de comunicación de los médicos, llevó a cabo una investigación en la que demostró la correlación entre la capacidad de comunicación del médico y la predisposición del paciente a seguir el tratamiento.

Los estudios también concluyen que la habilidad del médico de informar, escuchar, generar una buena relación y empatizar tiene un gran impacto en la confianza del paciente y en los resultados del tratamiento.

Además, las entrevistas bien realizadas obtienen más información e incrementan la posibilidad de dar con un diagnóstico certero. Finalmente, mejorando la comunicación médico-paciente, se ha constado que se reducen los casos de quejas, reclamaciones o denuncias.

La asociación americana de cirujanos ortopédicos, American Academy of Orthopaedic Surgeons (AAOS),[3] inició en 1998 un proceso para mejorar sus habilidades de comunicación con los pacientes. Como punto de partida llevaron a cabo una encuesta a 807 pacientes y 700 cirujanos. El resultado fue que un 75% de los cirujanos consideraba que su comunicación con los pacientes era buena, en cambio, solo el 21% de los pacientes estaba satisfecho con la comunicación que tenía con su médico. La diferencia era aún superior en las categorías que medían la percepción del paciente de sentirse escuchado o comprendido.

La sospecha inicial de que la capacidad de comunicación interpersonal no era la principal competencia de los cirujanos quedó demostrada, y se inició un proceso de mejora con programas de entrenamiento en habilidades comunicativas, que se ha convertido en un modelo de actuación en este tipo de entrevistas, con muchas recomendaciones aplicables a otras profesiones.

El modelo define cuatro aspectos fundamentales de la comunicación para conseguir entendimiento, empatía, conocimiento y compromiso por parte del paciente, y los considera de igual relevancia que las competencias técnicas básicas de un médico: identificar el problema, diagnosticar correctamente, solucionarlo y prescribir el tratamiento adecuado.

La involucración del paciente establece la conexión interpersonal que sienta las bases de la relación, la empatía muestra la capacidad de compresión del médico de los sentimientos del paciente, que por tanto se siente escuchado y entendido. Proporcionar información al enfermo permite que este participe en las decisiones y se comprometa a seguir el tratamiento recomendado.

El modelo propone el desarrollo de la entrevista de una forma que podría valer para cualquier profesional:

- La primera impresión es importante: el médico debe cuidar su apariencia, concentrarse en la entrevista, saludar sonriendo y mirando a los ojos, dar la mano, hablar sereno, con un tono de voz agradable.
- Toda la atención del médico debe estar dirigida al enfermo.
- Presentarse, pronunciar correctamente el nombre del enfermo y hacer una primera pregunta abierta evitando saludos del tipo «Hola, ¿qué tal estás?» que podrían poner al paciente en un aprieto. Si ha ido al médico es por algo y aún no sabe qué es, por tanto la respuesta podría ser del tipo «Tirando», y sería un mal inicio de conversación. En cambio, una pregunta como «¿Qué puedo hacer por ti?» permite al paciente iniciar la conversación, explicar qué le pasa. De media, un enfermo tarda dos minutos en explicar su historia, sin embargo, muchos médicos interrumpen a los 18-23 segundos, lo que es un error, porque en dos minutos conseguirás el 80% de la información que necesitas para hacer un diagnóstico correcto (y tendrás mucha más información no verbal).
- La recomendación es, además, escuchar de forma activa, enviando señales de interacción, asintiendo con la cabeza, con una expresión facial abierta, manteniendo el contacto visual.

- La entrevista continúa con preguntas abiertas para motivar al enfermo a hablar. El médico introduce comentarios empáticos del tipo «Eso tiene que haberle dolido mucho», incorpora las emociones del paciente a la conversación. Resume lo que le ha dicho el enfermo utilizando sus propias palabras, y cuando finaliza la historia clínica y la exploración física, pregunta al enfermo si entiende lo que le está pasando o qué cree que le pasa. Es una información relevante para el médico. El lenguaje verbal debe adaptarse a la compresión del enfermo, no hay que utilizar tecnicismos ni jerga incomprensible y se debe observar si el enfermo lo está entendiendo. Es muy importante evitar el tono de voz autoritario que el paciente puede interpretar como el fin de la conversación o que puede intimidarle y hacer que se quede callado. No te olvides que en una conversación cara a cara el equilibrio de poderes es fundamental.

- Una vez explicado el diagnóstico y el tratamiento propuesto, la pregunta es: «¿Es esto lo que te esperabas?». Esta pregunta puede evitar muchos malentendidos.

- El cierre es la repetición del diagnóstico, tratamiento y pronóstico, mostrando un lenguaje corporal abierto y receptivo.

La puesta en práctica de este modelo de conversación mejora el estado de salud del enfermo y no conlleva más tiempo hacerlo; de media el médico dedica un minuto más que con la visita tradicional. Al revés, con la información conseguida en una conversación equilibrada y bilateral, el médico podrá acelerar sus tareas y tener mucha más esperanza de éxito.

RECORDAR

- A lo largo de la historia se han realizado múltiples estudios que han concluido que existen cuatro patrones básicos de comportamiento y estilos de comunicación. Conocer el tuyo y reconocer el de tu interlocutor facilita mucho la comunicación.

- Si a cada uno le hablas a su manera, te entenderá antes, te ayudará a mejorar las relaciones con tus interlocutores y llegarás a acuerdos con más facilidad.

- En una conversación cara a cara, el tono de la conversación se establece en los primeros segundos y se basa en la comunicación no verbal. La actitud inicial es determinante, tu interlocutor la percibe de inmediato.

- El saludo inicial nos proporciona varias oportunidades de empezar bien. En el saludo inicial influyen tres aspectos: contacto visual, dar la mano y a qué distancia nos situamos del interlocutor

- Cuando miras a alguien, tus neuronas en espejo imitan sus emociones, por eso eres capaz de interpretar qué está sintiendo. Esto es la base de la comunicación interpersonal, sin esta capacidad todo resulta muy difícil.

- En una conversación de una hora, primero deja hablar a la otra persona, obsérvala y luego empieza duplicando su lenguaje corporal durante unos diez o quince minutos. Usa las neuronas en espejo para generar empatía.

- Los mejores negociadores son expertos en escuchar, han aprendido a observar e interpretar correctamente la comunicación no verbal de sus interlocutores para entender sus intenciones, motivaciones y emociones.

- El reto, en cualquier negociación, es equilibrar la empatía y la asertividad.

- Un buen negociador conoce su lenguaje corporal, ha identificado qué gestos o expresiones de su propia comunicación no verbal pueden reforzar o contradecir su posición negociadora, y sabe utilizar el lenguaje corporal a su favor.

- Durante una negociación, las señales que más te interesa identificar son las de receptividad o defensa de tu interlocutor y las de honestidad o engaño.

- La comunicación cara a cara entre médico y paciente ha sido profundamente analizada y estudiada con resultados muy interesantes que podrían (o deberían) ser aplicados en cualquier tipo de entrevista profesional.

8. LENGUAJE
CORPORAL DIGITAL

CAMBIO DE PARADIGMA

El cambio que estamos viviendo es algo más que un nuevo contexto de comunicación y un conjunto de nuevas tecnologías. Se trata de una mutación profunda en el comportamiento de las personas, que nace a raíz de la toma de conciencia de su nueva centralidad. Si tuviese que buscar una comparación histórica, pensaría en la Revolución Francesa. Con la llegada de la web 2.0, en el centro del discurso comercial se han ubicado las personas, y los profesionales del *marketing* tenemos que ir detrás de ellas. La digitalización de las relaciones, de los comportamientos y la importancia que adquieren las opiniones de cualquier usuario son las claves para entender la economía digital, que no va solo de tecnología, sino que, sobre todo, va de personas. Ahora todos se sienten protagonistas de su propio mundo. En las redes sociales marcan los límites de su universo de consumidor, de fan, de amigo y, en definitiva, de persona. Los consumidores eligen con qué empresas se vinculan, qué publicidad quieren recibir, los contenidos que les interesan y buscan la opinión de otros consumidores, en los que confían. Cada vez tiene menos importancia lo que dice la marca y más la opinión de los consumidores, personas que confían en otras personas.

El sueño del *marketing* siempre ha sido conocer a cada cliente y las redes sociales nos ofrecen la oportunidad de interactuar con cada persona. Ahora bien, el sueño puede convertirse en pesadilla si no disponemos de las herramientas adecuadas para procesar toda la información disponible.

El caso es que ahora ya disponemos de información real, resultados concretos de nuestro público objetivo. Ya no estamos expuestos al fallo estadístico de las investigaciones de mercado clásicas, o a las interpretaciones de los *focus groups,* ni tampoco estamos inmersos en el ruido del *tsunami* de información imposible de catalogar de los primeros acercamientos al mundo digital. Ahora empezamos a tener herramientas que nos ayudan a clasificar los datos recibidos y a focalizarnos en lo que realmente nos puede ser útil: analizar conversaciones, identificar motivaciones, frenos, atributos de la marca mejor valorados, reputación de los competidores, etc. La combinación disponible de datos sociales (edad, ocupación, género...) y procesos de conducta reales (compras, aficiones, quejas, elogios...) de los clientes ofrece una mezcla de informaciones esenciales para el desarrollo de estrategias eficaces.

Los directivos de *marketing* necesitamos disponer de metodologías de análisis del comportamiento de los consumidores en las redes, que supongan precisión y ahorro de tiempo, para desarrollar estrategias de éxito. El *social media intelligence* trabaja en tiempo real y aprovecha la tecnología de gran alcance para ofrecer una visión coherente del mundo exterior. Ahora ya no hay excusa para la *auto-referencialidad.* Tenemos nuestra «ventana al mundo».

El éxito es alcanzar un mejor compromiso con el cliente. Conseguir *engagement* con comunidades y colectivos realmente involucrados con la marca es el objetivo principal de la mayoría de las empresas en su actividad social.

Ya hemos superado la época de solo contar seguidores...
Las empresas están empezando a convertirse cada vez más
en productoras y editoras de contenidos *online*. Mejor tener
menos seguidores, pero más diferenciados y fidelizados, ya
que estos se convertirán en clientes, que a su vez actuarán de
embajadores de la marca y generarán más seguidores.

LENGUAJE CORPORAL DIGITAL

Hay que asumir que en los procesos de ventas, los compradores están reescribiendo las reglas. El acceso instantáneo a una
serie infinita de información *online* y el intercambio constante y rápido de opiniones entre los usuarios, hace que los
compradores puedan tranquilamente «autoeducarse» y dirigir autónomamente el ritmo, la dirección y el momento de la
compra. Google ha democratizado el proceso de compra, de
modo que ahora los vendedores tienen que adaptarse a una
nueva realidad. Para las empresas acostumbradas a depender
de los profesionales de ventas, capacitados para actuar como
asesores de confianza y guías de los compradores, estos cambios son potencialmente perjudiciales si practicados, como
es el caso, en una escala masiva. En este entorno de *marketing* virtual, para comprender los roles y las necesidades de
un cliente potencial, la empresa debe descodificar el lenguaje corporal digital de un comprador sin cara y difícil de alcanzar. Los expertos de marketing B2B deben comprender la
nueva dinámica y aprender a leer el lenguaje corporal digital, que está formado por métricas, y fundado, principalmente, en una escucha activa y cada vez más enfocada a resultados concretos.

Cuando las personas responden a tus acciones de *marketing online*, dejan pistas sobre sus intenciones, a partir del

momento, de la forma de acceso y de la palabra clave que utilizan para llegar a tu sitio web, para encontrar un correo electrónico o visitar una *landing page* personalizada. Si utilizas soluciones puntuales, como el *mail marketing*, solo identificarás un comportamiento puntual de un comprador. Pero si tienes un sistema de *marketing online* integrado, podrás empezar a construir un perfil exhaustivo del comportamiento del comprador: lo que le interesa, cuándo y por qué. Le empezarás a «ver la cara».

Los vendedores están comenzando a utilizar la expresión «lenguaje corporal digital» como forma abreviada para explicar a sus compañeros y sus empresas la necesidad de procesar de manera más eficiente los datos que ya están generando. El lenguaje corporal digital exige una nueva forma de desarrollar las oportunidades de ventas, donde la práctica de comercialización del pasado da paso a un sistema más eficaz para el procesamiento, el análisis y la medición de los comportamientos y gustos de clientes potenciales, para pasar así directamente del clic a la compra.

Los equipos de *marketing* deben, por lo tanto, ser capaces de leer el cuerpo digital de un comprador, es decir, su actividad *online*, su uso del correo electrónico, sus búsquedas y su involucración en eventos, anuncios y demostraciones para entender qué mensajes están funcionando y dónde se encuentra cada comprador en su proceso de compra.

Para entender el lenguaje corporal digital de los compradores, los expertos de *marketing* deben centrar sus acciones en la comunicación, la escucha, la recopilación, gestión y análisis comparativa de datos. A partir de estos elementos, tendremos una imagen del cuerpo digital de nuestros clientes y podremos intentar descifrar su lenguaje.

Relaciones públicas *online*

Mientras que el acceso y el uso de las redes sociales se ha convertido en algo muy corriente, el conocimiento de cómo utilizar esta nueva herramienta de comunicación no es tan grande.

En cuanto a las empresas, en general, podemos decir que todavía sigue siendo bastante común la búsqueda exasperada del número de fans y seguidores, sin hacer referencia a un objetivo de *marketing* y negocio concreto.

El aspecto más preocupante es que, una vez adquiridos estos fans, los directivos de *marketing* los someten a campañas auto-referenciales, como si la *community* fuera la audiencia de una telenovela de la década de los 1950. Facebook ha señalado recientemente a los directivos de *marketing* que solo el 16% de los fans de una página llega a ver las actualizaciones publicadas. Ser seguidor no significa ver todas las comunicaciones que provienen de una página específica. Es mucho más útil medir la frecuencia (el promedio de las veces que cada una de las personas ha sido expuesta al contenido), el nivel de *engagement* (el número de personas que reaccionan al contenido propuesto) y el número de veces que lo hacen. Por lo tanto, es posible afirmar que una marca que desarrolla un *engagement* efectivo con su *community* puede llegar a alcanzar hasta el 100% de sus fans y un gran número de sus amigos, a través de la acción viral.

Debemos pasar desde el enfoque del *marketing* tradicional, que apostaba por la «gran idea», al del *marketing* digital que busca la «idea social». Se necesita una mentalidad totalmente diferente para empezar a comportarse menos como un «emisor» y más como un «facilitador»: hablar con las personas, no a las personas. Las empresas son conscientes de que hoy en día hay que estar presentes en las redes sociales, pero a menudo no se detienen a escuchar e interrogar a los clientes. Es una tarea que requiere tiempo y recursos y que no es fácil: no se trata simplemente de actualizar una cuenta, sino también de desarrollar un vínculo de empatía con los usuarios/clientes, con el fin de crear una comunicación verdaderamente bidireccional. Se trata, en suma, de reconocer la manera de preguntar, además de comprender la respuesta: capacidades humanas de empatía e inteligencia emocional que son igualmente necesarias en el «mundo real». Cada vez más, la marca pertenece a las personas, y no es lo que la empresa quiere, sino lo que la gente piensa de ella. Por tanto, la reputación es el escenario de cada interacción, una condición previa a cualquier conversación.

El 2.0 ha producido el nacimiento o la redefinición de algunas figuras clave para el *marketing* digital y la reputación de las marcas: *influencer*, *evangelist* y *advocate*.

Los *influencers* son titulares de un gran capital social y relacional (*followers* y retuit en Twitter, suscritos a los feed RSS, «me gusta» en Facebook, visitas, comentarios y enlaces al blog). La relación entre la marca y los *influencers* se construye en la mayoría de los casos con premios e incentivos, tales como pruebas gratuitas de diversos productos, incluso antes de su comercialización. La marca reconoce, adula y usa su estatus excepcional en la red. Esta estrategia crea un boca-oreja que estimula el interés y la espera de los posibles clientes finales. Sin embargo, hay que tener en cuenta que muchos de los *influencers* se adhieren a un código ético más o menos formalizado, que les lleva a promover y recomendar solo lo que ellos realmente consideran valioso. Por lo tanto, un consejo que sigue siendo válido ahora como antes, es el de trabajar el producto antes de centrarse en la comunicación.

¿Cómo podemos encontrar a los *influencers*?

- Mantente abierto, haz un mapa de la red y, eventualmente, pide sugerencias y opiniones sobre a quién seguir.
- Escucha a la red, te resultará más fácil entender cuáles son las relaciones de los diferentes *influencers*, saber de qué están hablando y en qué están trabajando. Presta especial atención a los contenidos y promociones que comparten.
- Participa en eventos y congresos que son los hábitats naturales de las *social vips*.
- Busca a los gurús en las listas temáticas de Twitter y consigue una visión general de sus actualizaciones.
- Participa en los grupos (LinkedIn, Facebook, etc.), foros temáticos, etc., verdaderos ecosistemas sociales.

Las otras dos categorías (*evangelist* y *advocate*) no poseen el mismo capital social del *influencer*, pues hablan espontáneamente de una determinada marca/producto, impulsados solo por motivaciones intrínsecas. Es decir, son verdaderos apasionados, o, en términos de *marketing*, clientes fidelizados, que han establecido un fuerte vínculo con sus marcas y están dispuestos a (casi) todo para defenderlas y difundirlas. Si al referirnos a los *influecers* hablamos de capital social, aquí nos encontramos un paso más hacia el capital emocional, en el que el sentido de pertenencia a una comunidad y/o a una causa tiene que ser aún más estimulado. *Evangelist* y *advocate* son el objetivo típico de las ONG o, en general, de las entidades que no buscan un inmediato interés económico.

Todas las empresas tienen que elegir el mejor perfil para su estrategia y centrar en él su comunicación. Algunos directores de *marketing* buscan exclusivamente a los *social media gurús*, sin considerar la magnitud de interacciones a presupuesto cero que podrían utilizar. De hecho, muy probablemente los mismos *followers* de un gurú se podrían alcanzar igualmente pasando a través de un par de *advocates* más. De todas formas, para cualquier estrategia de comunicación y comercial, es necesaria una atenta monitorización de la red, recordando que no existe un método perfecto, sino que todo depende de lo que estés buscando. El análisis no debe limitarse solo a contemplar números, estadísticas y gráficos. Tenemos la necesidad de hacer búsquedas más humanas, tratando de entender las necesidades más profundas de las personas, muchas veces incluso sumergiéndonos en un contacto real y físico con la gente. La monitorización no tiene que ser demasiado mecánica. La metodología de *social media intelligence* es fundamental y cada vez lo será más. Sin embargo, para que nos proporcione los resultados que necesitamos, debe ser guiada por el instinto y la empatía humana. Cada vez más adaptamos nuestros procesos mentales a las limitadas capacidades de las máquinas, mientras que se trata de crear métodos analíticos más cercanos a la verdadera naturaleza de la comunicación humana, para así obtener una interacción más espontánea y resultados más exactos y útiles.

COMUNICACIÓN DIGITAL POR ESCRITO.
EMOTICONES

El juego del póquer *online*, en los últimos años, ha triunfado en casi todo el mundo, a pesar de haber eliminado completamente la posibilidad de analizar el lenguaje no verbal, algo que constituía la verdadera esencia del póquer tradicional. Los jugadores digitales son mucho más «matemáticos» que «psicólogos», y el espacio para el farol se ha reducido enormemente. Desde luego, no nos toca a nosotros decir si con esta evolución el juego ha ganado o perdido encanto...

Con la proliferación de las formas de comunicación a distancia, es necesario adoptar una estrategia específica. Si el teléfono y la videoconferencia seguían ofreciéndonos herramientas no verbales fundamentales para interpretar la actitud de nuestro interlocutor, como, por ejemplo, los matices en el tono de voz y la ventaja de la inmediatez, para corregir enseguida cualquier malentendido, las numerosas posibilidades de comunicación por escrito creadas con el paso de lo analógico a lo digital a menudo pueden ser fuente de problemas de interpretación.

En el mundo *online*, la primera impresión es mediada y se realiza cuando un usuario se encuentra por primera vez con algo nuestro, ya sea un artículo, vídeo o tuit. Pero también durante cualquier clase de interacción, tal como un comentario, un mensaje o un correo. Ciertamente, nuestro lenguaje o tono puede hacer la diferencia y una réplica brusca contribuirá a formar una imagen de indiferencia o altivez.

Lo mismo ocurre en caso de ausencia de respuesta o de que, por dejadez, ignoramos críticas, preguntas o simples saludos. Del mismo modo en que aquellos que, por tímidos y reservados, acaban dando la impresión de ser arrogantes. La comunicación por escrito requiere incluso más cuidado que la oral, ya que no puede apoyarse sobre elementos de interpretación no verbales.

En general, es una buena práctica esperar unos minutos y no responder en caliente. Es conveniente releer bien el texto y ponerse en la piel del destinatario. Todas las fórmulas de cortesía que en una comunicación directa podrían parecer redundantes e innecesarias, en una comunicación por escrito son esenciales para determinar el «sentimiento», el tono del mensaje. Por último, los emoticones, que a primera vista podrían parecer una adorno infantil e innecesario, son en realidad ayudantes valiosos para aclarar el tono con el que se escribe, especialmente si queremos utilizar la madre de todos los generadores de malentendidos: la ironía.

Algunos ejemplos de emoticones

La llegada de los emoticones ha proporcionado una herramienta valiosa para llenar el vacío no verbal en la comunicación *online*. La imposibilidad de descifrar la cara y los signos del cuerpo de nuestro interlocutor produce constantes malentendidos en el ámbito de la comunicación digital. Todos hemos vivido uno de esos desafortunados episodios en el que un correo electrónico aparentemente neutral ha acabado desatando un «conflicto nuclear».

Desde el punto de vista neurológico, no está claro si los emoticones llegan a activar el mismo mecanismo cerebral de interpretación utilizado para interpretar los rostros humanos, o si, en cambio, se utilizan sistemas separados. Un sello distintivo de la percepción visual de las caras es el empleo de las regiones del cerebro localizadas en la corteza occipitotemporal, que son sensibles al procesamiento configuracional.

El N170 es un factor de medición de las respuestas neuronales evocadas por las imágenes de los rostros, comparadas con las provocadas por otros estímulos visuales. El N170 generalmente muestra lateralización en el hemisferio derecho y se ha relacionado con la codificación estructural de las caras.

En un estudio conducido por investigadores de la Universidad de Australia del Sur de Adelaida, y publicado por la revista *Social Neuroscience*,[1] se ha tratado de averiguar qué tipo de reacción neuronal es capaz de provocar un emoticón y si la reacción de nuestro cerebro es la misma que la que tendría frente a una cara de verdad.

Los expertos pidieron a veinte estudiantes que miraran a personas sonrientes, luego que miraran el clásico emoticón con sonrisa y, finalmente, unas secuencias de signos sin significado.

Al observar su reacción neuronal en las tres situaciones, se evidenció que el cerebro responde a la sonrisa humana y al emoticón casi en la misma forma, en cambio, no reacciona de ninguna manera ante las secuencias aleatorias de signos. El cerebro parece haber aprendido que la cara sonriente del emoticón vale como una verdadera sonrisa y ha adaptado sus códigos de interpretación neuronal en consecuencia.

Los resultados de la investigación han indicado que el cerebro procesa los emoticones en la área occipitotemporal, de manera similar al proceso que se lleva a cabo con las caras físicas. Sin embargo, los caracteres que indican las características fisonómicas de los emoticones no son reconocidos por el sistema de detección de las características faciales, colocado en un área más lateral del cerebro.

Por tanto, cuando alguien nos envía por correo electrónico o mensaje de texto una cara sonriente o un emoticon, nuestro cerebro ya reacciona como si estuviera frente a una sonrisa real. Se trata de una importante señal de que el cerebro humano ha evolucionado y se ha adaptado, traduciendo a nivel neurológico un nuevo fenómeno cultural y de lenguaje, que ya es parte imprescindible de la comunicación.

Como ya hemos visto, el lenguaje corporal puede decir muchas cosas que las palabras no pueden decir, y en el mundo *online*, a causa de la falta de contacto visual, los demás se forman una impresión de nosotros que es difícil de controlar.

Sin las expresiones faciales, los ojos y el tono de voz, nuestro mensaje podría ser percibido de forma muy diferente a lo que nosotros pretendíamos.

Tenemos que considerar que también existe un tiempo de retraso entre la emisión del mensaje y su recepción, especialmente al publicar en foros y paneles de discusión, y por tanto una conversación puede durar varias horas o incluso días.

Existen algunas normas sencillas de *netiquette* que nos ayudarán a evitar el mayor número de malentendidos por escrito:

- Utiliza un saludo y firma con tu nombre.
- Usa el nombre de la otra persona al dirigirte a ella.
- No utilices mayúsculas, ni demasiado signos de exclamación, pues es el equivalente digital de gritar a alguien.
- Responde a las solicitudes de conexión con un breve: «Encantado de conocerte», no muy formal, pero tampoco jergal.
- Trata de contestar en un lapso razonable. Cada plataforma tiene su ritmo de conversación propio. Si en Twitter después de un par de horas ya es tarde, en Facebook se puede admitir un plazo de 24 horas. El *chat* es un medio inmediato, mientras que una discusión en un foro puede quedarse meses abierta.

- Cuando la frecuentación digital ha llegado a un buen punto, es recomendable pedir un contacto *off-line*, si el objetivo es cerrar un trato o una venta importante.
- Cuidado con la ortografía y la gramática. Es el equivalente de un buen vestuario y un buen peinado.
- Utiliza los emoticones para ayudar al lector a entender el tono. No abuses, pero si te preocupa que no entiendan el tono, no dudes en usarlos.

VIDEOCONFERENCIA

La videoconferencia es cada vez más habitual en la comunicación profesional

Herramientas como Skype y la videoconferencia nos ofrecen una gran oportunidad para eliminar las distancias, pero no suponen un verdadero cambio respecto a la lectura del lenguaje corporal tradicional. De hecho, la videocon-

ferencia no es algo nuevo en absoluto. Al revés, es una herramienta bastante antigua (existía ya en los primeros años
ochenta), la novedad está en el medio, ya que internet garantiza un coste y una accesibilidad universales. Por tanto, las
normas para llevar a cabo una videoconferencia no difieren
mucho de las que se aplican a una reunión presencial. Por
supuesto, hay que cuidar mucho la dinámica y los turnos de
palabra, porque el mensaje se puede perder más fácilmente y no podemos solaparnos con el interlocutor. Además, es
inevitable resultar un poco rígidos, debido a la necesidad de
aparecer de forma correcta y bien enmarcados en el vídeo.

Hay que armar un verdadero *set*. Busquemos el mejor re-
cuadro y el lugar más apropiado, una ambientación neutra
con una buena luz suele ser lo mejor. Es importante notar
que en una reunión de negocios donde haya más de dos participantes y solo uno de ellos esté presente en videoconferencia, este inevitablemente se encontrará en una posición
de debilidad respecto a los otros que comparten el mismo
espacio y disponen de más elementos para influir en la
discusión. A ser posible, esta es por tanto una situación que
se debe evitar, sobre todo, si se tratara de una reunión de
importancia trascendente desde el punto de vista decisional y
nuestra posición de entrada fuera de minoría.

Al mismo tiempo no podemos rechazar la conexión en vídeo a alguien que nos la ofrezca. El vídeo tiene que ser bidireccional, si un participante a la reunión, por ejemplo el
cliente, acepta o pide expresamente la videoconferencia, nosotros, por mucho que nos incomode, no podremos evitarlo o
pedir comparecer solo con el sonido, a no ser que disponga-
mos de «excusas técnicas» muy convincentes.

FOTO DE PERFIL

Las fotos de perfil dicen mucho sobre nuestra personalidad y son responsables
de la primera impresión que causamos en los demás

Un estudio realizado por el Departamento de Comunicación de la Universidad de Cornell[2] se centró en el análisis de las fotografías seleccionadas para personalizar el perfil en sitios web de citas, luego el mismo análisis ha sido aplicado por otros investigadores a las redes sociales. El objetivo del estudio era entender cómo y cuánto una imagen dice algo acerca de nosotros y nuestra personalidad y, en particular, cuánto revela de la percepción que tenemos de nosotros mismos y cómo, por otro lado, nos ven los demás.

La primera impresión es la que cuenta: como ya hemos aclarado anteriormente, en los primeros segundos de un encuentro se forma una primera y fundamental impresión de la persona que tenemos enfrente. Cambiar la percepción formada durante estos primeros instantes de interacción es muy complicado.

Si este dato se ha convertido en un hecho confirmado por muchos estudios, en la realidad virtual es la foto de perfil nuestra tarjeta de visita y, por lo tanto, es un elemento fundamental de nuestra identidad digital. Fotos retocadas, recortes y enfoques estudiados, primeros planos de los puntos fuertes: las redes sociales han marcado una evolución en la construcción de nuestra propia imagen personal y de la manera en que nos presentamos a los demás. Las cuentas de los *social networks* se han convertido en escaparates en las que presentar solo lo mejor de nosotros mismos y nuestros puntos fuertes.

El análisis llevado a cabo por el Departamento de Comunicación de la Universidad de Cornell apunta precisamente a la discrepancia observada entre la imagen construida sobre la percepción de uno mismo y lo que los demás perciben de nosotros.

Mientras que las personas entrevistadas creían que las fotos de perfil eran coherentes con su imagen real, los investigadores en muchos casos encontraban desarmonías importantes entre las fotografías elegidas y la realidad.

Las mujeres, en general, parecen ser las más cuidadosas con su imagen y otorgan una cierta importancia al juicio de los demás. Es cierto que cada perfil debe adaptarse a la red que lo hospeda, pero tenemos que empezar a pensar que nuestra identidad digital nos representa al cien por cien y a menudo viaja sobre carriles que no podemos controlar. Por esta razón, es bueno tener en cuenta que cualquier información o imagen sobre nosotros que aparezca en internet es potencialmente pública y contribuirá a formar nuestra reputación. Por lo tanto, es imprescindible marcar nuestros objetivos profesionales y actuar en consecuencia con respecto a nuestra imagen digital.

RECORDAR

- La digitalización de las relaciones, de los comportamientos y la importancia que adquieren las opiniones de cualquier usuario son las claves para entender la economía digital, que no va solo de tecnología, sino que, sobre todo, va de personas.

- Empezamos a tener herramientas que nos ayudan a clasificar los datos recibidos y a focalizarnos en lo que realmente nos puede ser útil: analizar conversaciones, identificar motivaciones, frenos, los atributos de la marca mejor valorados, reputación de los competidores.

- En el entorno de *marketing* virtual, para comprender los roles y las necesidades de un cliente potencial, la empresa debe aprender a leer el lenguaje corporal digital, que está formado por métricas y fundado, principalmente, en una escucha activa y cada vez más enfocada a resultados concretos.

- Debemos pasar desde el enfoque del *marketing* tradicional, que apostaba por la «gran idea», al del *marketing* digital, que busca la «idea social». Las empresas deben ser menos «emisoras» y más «facilitadoras»: hablar CON las personas, no A las personas.

- En el mundo *online* la primera impresión es mediada y se realiza cuando un usuario se encuentra por primera vez con algo nuestro, ya sea un artículo, vídeo o tuit.

- La comunicación por escrito requiere incluso más cuidado que la oral, ya que no puede apoyarse sobre elementos de interpretación no verbales. Los emoticones son ayudantes valiosos para aclarar el tono con el que se escribe.

- A nivel neuronal el cerebro responde a la sonrisa humana y al emoticón casi en la misma forma, se ha adaptado, traduciendo a nivel neurológico un nuevo fenómeno cultural y de lenguaje, que ya es parte imprescindible de la comunicación.
- Las redes sociales han marcado una evolución en la construcción de nuestra propia imagen personal y de la manera en que nos presentamos a los demás. Las cuentas de los *social networks* se han convertido en escaparates en las que presentar solo lo mejor de nosotros mismos y nuestros puntos fuertes.

ANEXO I.
TABLA DE GESTOS

Lenguaje corporal característico de las tres tipologías de conducta:

1. ¿Receptiva o defensiva?
2. ¿Poderosa o no poderosa?
3. ¿Honesta o miente?

Para iniciar y simplificar el proceso de hacer consciente la conversación que está manteniendo nuestro cuerpo con los cuerpos que lo rodean, trabajamos grupos de gestos asociados, los más característicos y significativos de cada uno de los tres tipos de conducta. De esta forma, la atención se centra en el conjunto del lenguaje corporal y no intentamos «aprender listados de gestos aislados». Tanto cuando trabajamos en nuestro autodiagnóstico como cuando estamos observando el lenguaje corporal de otra persona y nos hacemos las tres preguntas clave, el objetivo es responder, concluir qué nos está indicando la comunicación no verbal. No se trata de intentar verlo todo de forma minuciosa.

	¿RECEPTIVA?	¿DEFENSIVA?
CARA Y CABEZA	• Expresiones faciales positivas • Mantiene contacto visual • Sonreír = aprobación, acuerdo, interacción • Asentir con la cabeza = receptiva • Levantar las cejas es un gesto de apertura, interés, interacción • Abrir los ojos, mostrar interés • Pupilas dilatadas = interés, agrado	• Expresiones faciales negativas • Contacto visual intermitente • Ojos entrecerrados • Pocos gestos de interacción (no sonríe, no asiente con la cabeza) • Boca cerrada, labios apretados, fruncidos • Cabeza ladeada = víctima • Ceño fruncido
TRONCO, POSTURA	• Tronco se dirige hacia ti y se acerca • Postura corporal abierta y relajada, la distancia social se acorta (cuanto más receptiva es la persona más se acerca)	• Postura corporal cerrada, tensa • Encoger los hombros, curvar la espalda, hacerse pequeño • El tronco se aleja o se dirige hacia otra parte = no está de acuerdo
MANOS Y BRAZOS	• Manos a la vista • Muestra las palmas • Gesticula con las manos • Manos en la barbilla, signo de evaluación positivo	• Retorcerse los dedos, jugar con el anillo = inseguridad, nerviosismo • Manos en los bolsillos o debajo de la mesa = incomodidad • Brazos o manos cruzados • Puños apretados
PIERNAS Y PIES	• Las piernas y pies están alineados con el tronco y se dirigen hacia ti	• Piernas cruzadas • Piernas o pies se dirigen hacia otro sitio, no hacia ti

	¿PODEROSA?	¿NO PODEROSA?
CARA Y CABEZA	• Mira directo a los ojos y mantiene el contacto visual • Expresión facial positiva y relajada • Cabeza alta y recta • Gestos de interacción: asentir con la cabeza, mover las cejas, sonreír	• Retira la mirada • Baja la cabeza y la ladea • Rubor en las mejillas • Se toca la cara
TRONCO, POSTURA	• Erguido, recto • Se pone de frente al interlocutor • Se sitúa en el mejor sitio y ocupa más espacio que el resto de interlocutores • Acerca el tronco hacia el interlocutor • Piernas abiertas y brazos en jarra	• Postura encogida, se hace pequeña • Movimiento nervioso • Intenta pasar desapercibida • Gestos y posiciones defensivas
MANOS Y BRAZOS	• Saluda con apretón de manos firme • Manos a la vista, muestra las palmas = honestidad, sinceridad • Gesticula con las manos, señala con el dedo • Brazos en posiciones abiertas, ocupando espacio • Manos detrás de la cabeza • Manos en campanario	• Gestos y posiciones defensivas

	¿PODEROSA?	¿NO PODEROSA?
PIERNAS Y PIES	• Piernas y pies se dirigen al interlocutor • Estando sentado, mantiene las piernas abiertas en ángulo recto y pies en el suelo	
VOZ	• Volumen alto, voz clara y segura • Timbre grave • Velocidad adecuada • Énfasis y entonación correcto • Interrumpe, monopoliza la conversación	• Volumen bajo, poca entonación • Participa poco en la conversación • Carraspea, se aclara la garganta

¿HONESTA O MIENTE?	
CARA Y CABEZA	• Reacción de incremento o disminución del contacto visual. En general, disminuye el contacto visual, pero los mentirosos entrenados mienten mirando a los ojos • Incremento del parpadeo, más de 8-10 veces por minuto, pero si está acostumbrado a mentir o preparado para ello, no parpadea • Expresión facial «congelada» intenta no transmitir emociones • Traga saliva • Se rasca el área narizboca, se toca la cabeza • La cabeza se aleja
TRONCO	• Lenguaje corporal «congelado», evitan enviar señales • Tronco no se dirige a ti, pero la cabeza sí; hay disonancias • Encoge los hombros
MANOS Y BRAZOS	• Se tapa la boca, los ojos, los oídos • Gestos defensivos • Disonancias entre los gestos de los brazos y las piernas
PIERNAS Y PIES	• Piernas y pies en dirección diferente al tronco
VOZ	• Voz con volumen más bajo • Timbre más agudo de lo habitual • Cambia la velocidad, el ritmo, habla más despacio o más deprisa

ANEXO II. APRENDER COMUNICACIÓN NO VERBAL
Síntesis del método de aprendizaje propuesto a lo largo del libro.

1. AUTOCONOCIMIENTO

¿Qué proyecta tu lenguaje corporal?

El objetivo es que seas capaz de definir si tu lenguaje corporal es receptivo y abierto o defensivo y cerrado, si proyecta poder o bien sumisión y, por último, si comunica honestidad o no. De cada tipo de conducta, identificarás tus gestos más frecuentes y significativos (en el anexo I tienes una tabla que te puede ayudar).

Practicando el método que te proponemos, en cuatro o cinco semanas serás mucho más consciente de qué comunicas con tu cuerpo y será tu punto de partida para mejorar tus habilidades para relacionarte.

¿Cómo puedes autoobservarte?

Lo mejor es verte en vídeo. Grábate en cualquier situación que lo permita (una reunión, una entrevista, una presentación o un encuentro familiar), y cuando analices el vídeo, primero intenta ser objetivo y no te juzgues, solo observa cómo te mueves, las posturas que haces, los gestos de las manos, los cambios en la voz y anótalo, simplemente anota lo que ves, no trates de inferir por qué lo haces.

Es recomendable ver el vídeo varias veces. Primero míralo sin sonido, para poder centrarte en lenguaje corporal, y anota lo que ves. Te sorprenderá lo que llegas a descubrir de ti mismo. Después, ya con sonido, puedes verlo centrándote cada vez en un solo aspecto; por ejemplo, primero te concentras en la voz, después en el contacto visual y las expresiones faciales y, por último, en la postura, gestos, posición y movimiento.

Una vez que tengas este primer diagnóstico, empieza un diario de tu comunicación. En general, no podemos dedicar tanta atención a nuestra comunicación a lo largo de toda una jornada laboral, pero si quieres practicar y continuar aprendiendo, selecciona una conversación o reunión cada día para concentrarte en tomar consciencia de qué gestos estás haciendo y de las reacciones que provocas en tus interlocutores, y anótalo todo en tu diario. Cada vez que observes una reacción inesperada de tu interlocutor, piensa qué puede haberla provocado.

Para trabajar con la voz, graba tu voz, lee un mismo texto dos veces con diferentes entonaciones y luego escucha la grabación. Analiza el timbre (¿es agudo o grave?). ¿La velocidad, la entonación, el volumen son congruentes con el mensaje que estoy dando o no? En el capítulo dedicado a la voz encontrarás, entre otros ejercicios, cómo ejercitar la respiración para proyectar la voz.

Conoce tu patrón de conducta y estilo de comunicación

Existen cuatro patrones básicos de comportamiento y estilos de comunicación: dominante, influyente, sociable y cumplidor. Conocer qué estilo tienes y reconocer el de tus interlocutores supone un gran avance para mejorar tu capacidad de comunicación. La herramienta que se utiliza para ello es el test DISC u otro equivalente.

2. Interpretar el lenguaje corporal de tu interlocutor

Empieza a trabajar con personas a las que conoces bien, te darás cuenta de por qué has interpretado su estado de ánimo. Sigue el siguiente proceso:

- Observa su lenguaje corporal basal, habitual, clasifícalo en los tres grandes ámbitos de conducta, al igual que has hecho para autodiagnosticarte.
- Identifica grupos de gestos asociados (tres gestos que indiquen el mismo significado como mínimo).
- Observa e interpreta los cambios de lenguaje corporal.
- Ten en cuenta el contexto.

Con la práctica, te darás cuenta de que poco a poco vas automatizando el conocimiento adquirido y casi de forma automática decides si tu interlocutor está receptivo o defensivo, y si tiene un lenguaje corporal poderoso o no. Identificar las mentiras es mucho más complejo y, en general, requiere entrenamiento específico.

Otro ejercicio es centrarte en las expresiones faciales y anotar las emociones básicas que reconoces. Pero solo la emoción, no intentes inferir la causa que ha provocado la expresión, de esta forma avanzarás más rápido en la interpretación de las expresiones.

También es muy útil mirar entrevistas en televisión, debates políticos, presentaciones y analizarlos desde el punto de vista del lenguaje corporal. Se aprende mucho mirando un vídeo primero sin sonido y luego con sonido.

3. Controlar tu lenguaje corporal

El camino para controlar qué mensajes estás enviando con tu lenguaje corporal es la toma de consciencia, la concentración y la actitud.

La comunicación no verbal es espontánea, pero puedes conseguir que tu lenguaje corporal transmita una emoción determinada si te concentras en ella previamente.

Antes de cada conversación o reunión importante para ti, concéntrate en qué quieres transmitir a tus interlocutores y en tu actitud, pues es lo primero que «verán» en cuanto inicies la conversación.

Algunas técnicas:

- Visualizaciones de situaciones emocionales que coincidan con la emoción que quieres comunicar.
- Respiraciones profundas y lentas.
- Adopta posiciones de poder durante por lo menos dos minutos, y hazlo sonriendo. La sonrisa nos cambia el estado de ánimo.

4. Date tiempo

Siguiendo el método y proceso propuesto, en cuatro o cinco semanas notarás la diferencia, sentirás que has avanzado mucho y empezarás a ver resultados positivos. Pero esto es solo el principio. Si de verdad quieres acceder a un nivel de comunicación superior, debes seguir practicando. Es como cuando se quiere ser bueno en un deporte: hacen falta horas y horas de entrenamiento para continuar mejorando.

Los conceptos trabajados son más fáciles de entender que de ejercitar, así que tómate el tiempo necesario. Es un aprendizaje gradual, y necesitas ir practicando poco a poco.

NOTAS

Capítulo 1. La conversación silenciosa

1. Albert Mehrabian. *Silent Messages: Implicit Communication of Emotions and Attitudes*. Wadsworth Publishing Co Inc, Belmont, California 1981.
2. Antonio Damasio. *Descartes' Error. Emotion, Reason, and the Human Brain*. Avon Books, Nueva York, 1995.
3. Antonio Damasio. *En busca de Spinoza. Neurobiología de la emoción y los sentimientos*. Destino, Barcelona, 2013.
4. Giacomo Rizzolatti, Corrado Sinigaglia. *So quel che fai. Il cervello che agisce e i neurona specchio*. Raffaello Cortina Editore, Milán, 2006. [Versión en castellano: *Las neuronas espejo: los mecanismos de la empatía emocional*. Paidós Ibérica, Barcelona, 2006.] Entrevista con el autor: http://www.youtube.com/watch?v=Sv1qUj3MuEc
5. Amy J.C. Cuddy, Susan T. Fiske. «A Model of (Often Mixed) Stereotype Content: Competence and Warmth.Respectively Follow From Perceived Status and Competition». *Journal of Personality and Social Psychology*. Vol. 82, n.° 6, 2002, págs. 878–902.
6. Amabile, T. M. «Brilliant but Cruel: Perceptions of Negative Evaluators.» *Journal of Experimental Social Psychology* 19 (March 1983): 146-156. (Reprinted in: E. Aronson (Ed.) (1984), Readings about the social animal (3rd. ed.). San Francisco: Freeman.)
7. Constantin Stanislavski. *An Actor Prepares*. Theatre Arts Books, Nueva York, 1967.

Capítulo 2. Emociones y expresiones faciales

1. Paul Ekman. *Emotions Revealed*. Owl Books, Nueva York, 2003. [Versión en castellano: *El rostro de la emociones. Signos que revelan significado más allá de las palabras*. RBA Libros, Barcelona, 2004.]

2. Guillaume Duchenne. *The Mechanism of Human Facial Expression.* Cambridge University Press, Nueva York, 1990 (reedición del trabajo original en francés del año 1862).
3. Marianne La France. «Why Smiles Generate Leniency». *Personality and Social Psychology Bulletin, March 1995 vol. 21 no. 3 207-214* 1995.

Capítulo 3. Entender qué dice el cuerpo

1. Albert Mehrabian. *Nonverbal Communication.* AldineTransaction, Transaction Publishers, New Brunswick 2007.
2. P. Ekman, W. Friesen. *The Repertoire of Nonverval Behavior: Categories, Origins, Usage, and Coding.* SEMIÓTICA, 1969. Semiotica. Volume 1, Issue 1, Pages 49-98, ISSN (Online) 1613-3692, ISSN (Print) 0037-1998, DOI: 10.1515/semi.1969.1.1.49, November 2009
3. Gerard I. Nierenberg, Henry H. Calero. *How to read a person like a book:observing body language to know what people are thinking.* Square One Publishers, Nueva York, 2010.

Capítulo 4. Voces para escuchar

1. Stanford W. Jr. Gregory, Gallagher J. Timothy. «Spectral Analysis of Candidates' Nonverbal Vocal Communication: Predicting U.S. Presidential Election Outcomes». *Social Psychology Quarterly.* Vol. 65, n° 3, 2002, págs. 298-308.
2. William J. Mayeu, et al. «Voice pitch and the labor market success of male chief executive officers». *Evolution and Human Behavior.* Vol. 34, n° 4, 2013, págs. 243-248.
3. Casey A. Klofstad, et al. *Sounds like a winner: voice pitch influences perception of leadership capacity in both men and women.* Royal Society Publishing, Published 25 May 2012.DOI: 10.1098/rspb.2012.0311 2012.
4. Renee Grant-Williams. *Voice Power. Using Your Voice to Captivate, Persuade, and Command Attention.* AMACOM, Nueva York, 2002.

Capítulo 5. Ver cuándo te mienten

1. Paul Ekman. *Telling Lies. Clues to Deceit in the Marketplace, Politics, and Marriage*. W.W. Norton & Company, Nueva York, 1991.
2. Philippe Turchet. *El lenguaje de la seducción: entender los códigos inconscientes de la comunicación no verbal. No dejes que tus gestos te delaten*. Barcelona Amat, 2010.
3. Mark G. Frank, Carolyn M. Hurley. «Executing Facial Control During Deception Situations». *J Nonverbal Behaviour*. 35, 2011, págs. 119-131.

Capítulo 6. El líder auténtico

1. Daniel Goleman, Richard Boyatzis, Annie Mckee. *The New Leaders: Transforming the Art of Leadership into the Science of Results*. London SPHERE, 2003. [Versión en castellano: *El líder resonante crea más*. Debolsillo, Barcelona 2010.]
2. Alex (Sandy)Pentland. *Honest Signals: how they shape our world*. A Bradford Book, The MIT Press, Massachusetts, 2008.
3. Amy J.C. Cuddy, Dana R. Carney. «Power Posing: Brief Nonverbal Displays Affect Neuroendocrine Levels and Risk Tolerance». *Psychological Science*. 21, octubre de 2010, págs. 1363-1368. Amy Cuddy presentó los resultados del estudio en una conferencia TED, muy interesante: https://www.ted.com/speakers/amy_cuddy
4. Albert Mehrabian. *Nonverbal Communication*. Aldine Transaction, Transaction Publishers, 2007.

Capítulo 7. Conversaciones cara a cara

1. DISC® es la marca patentada del test líder del mercado. Su creador, William Marston, inició su actividad en 1920. Para más información visitar: www.discprofile.com
2. Daniel Goleman. *Inteligencia social. La nueva ciencia de las relaciones humanas*. Kairós, Barcelona, 2006.
3. John R. Tongue, et al. «Communication Skills for Patient-Centered Care». *The Journal of Bone & Joint Surgery*. Vol. 87-A, n° 3, 2005.

Capítulo 8. Lenguaje corporal digital

1. Owen Churches, et al. «Emoticons in mind: An event-related potential study». *Social Neuroscience*. Vol. 9, n°2, 2014.
2. A.L. Gonzales, J.T. Hancock. «Mirror, mirror on my Facebook Wall: Effects of Facebook exposure on self-esteem». *CyberPsychology, Behaviour & Social Networks*. Vol. 14, 2011, págs. 79-83.

editorial Kairós

Puede recibir información sobre nuestros
libros y colecciones o hacer comentarios
acerca de nuestras temáticas en

www.editorialkairos.com

Numancia, 117-121 • 08029 Barcelona • España
tel +34 934 949 490 • info@editorialkairos.com